読みなおす
日本史

奥州藤原氏

その光と影

高橋富雄

吉川弘文館

目　次

奥州藤原氏の栄光と落日……五

I　その光と影

1　藤原氏の登場—奥六郡の司……三三
2　藤原三代と平泉……五〇
3　藤原氏の滅亡—異国奥羽の消滅……六八
4　藤原三代と中尊寺……七六
コラム　平泉の名優たち……八九
コラム　平泉落城の一日……九三

II　その権力を探る

1　藤原政権の権力構造……一〇二

2　藤原氏と荘園……一五五
3　中尊寺領の歴史的性格……一六九
コラム　藤原清衡の平泉移転時期……一八五
コラム　毛越寺のよみ方……一八九

Ⅲ　藤原氏とその周辺

1　『吾妻鏡』と平泉……一九六
2　英雄義経──その人間性と悲劇性……二一九
コラム　義経と弁慶──その実像と虚像……二三三
コラム　藤原氏の貢馬……二三七

あとがき……二四一
『奥州藤原氏──その光と影』それから……二四三
『奥州藤原氏──その光と影』を読む　七海雅人……二五一

奥州藤原氏の栄光と落日

藤原氏と蝦夷

天治三年（一一二六）の、いわゆる中尊寺落慶供養願文《らっけいくようがんもん》において、願主藤原清衡《きよひら》は、みずから「東夷《とうい》之《の》遠酋《えんしゅう》」とも「俘囚《ふしゅう》之《の》上頭《じょうとう》」とも称している。「東夷」とか「俘囚」とかいうことばは、歴史的に「蝦夷」を意味するか、もしくはそれの別な呼びかえを指す、と理解されている。そうであるならば、藤原氏が歴史的に「蝦夷」の系列に属する、ということは、清衡に関する限り疑いないだろう。

二代基衡《もとひら》・三代秀衡《ひでひら》についても、同じようなことが言われる。藤原頼長《よりなが》の日記『台記《たいき》』仁平三年（一一五三）九月十四日の条では、基衡は「匈奴《きょうど》」と呼ばれているし、九条兼実《かねざね》の日記『玉葉《ぎょくよう》』嘉応二年（一一七〇）五月二十七日条は、秀衡を「夷狄《いてき》」と呼んでいる。これらは、二代・三代にも通じて、藤原氏がいわゆる「蝦夷」として理解されていたことを証明するもので、結局、藤原氏が、歴史的に「蝦夷」の系譜につらなることは明瞭である。

そこですぐ問題になってくるのは、それなら藤原氏はエゾであり、したがってアイヌであるのか、ということである。かなり多くの人たちは、このことに大きな関心をよせ、藤原氏の歴史を注目してきたのである。そこで私もまた、藤原氏の歴史を語るはじめに、この問題にふれておきたいと思う。

この問題は、しかしながら藤原氏そのものの問題ではなくして、実は「蝦夷」というものをどう理解するかの問題の応用であることを、あらかじめ知っておく必要がある。「蝦夷」であればエゾであり、アイヌである、という等式関係が成り立つかどうかが問題だからである。

これまで、蝦夷＝エゾ＝アイヌということが、絶対の公理のようにみなされてきたのであるが、最近、その修正が強く求められてきている。その要点は、古代蝦夷のよみはエミシもしくはエビスであってエゾでなく、エミシとしての蝦夷は、人種上の概念でなくして政治的・文化的概念であって、一般に東北日本の方民に対する貶称《へんしょう》として用いられている。これに対して、エゾはたしかにアイヌを指したと思われるが、エゾの呼称は、平安中期以降、とくに東北日本でも津軽方面から北海道・千島あたりにかけて用いられていたから、エミシとしての蝦夷とは違う――だいたいそういうところにある。私は、こういう主張者の一人で、歴史的な蝦夷の用法についてみる限り、そのようにしか考えられない、という立場をとっている。

そこで、藤原氏がアイヌであるか日本人であるかについて論ずるにあたっては、藤原氏が、「蝦夷」と呼ばれていることだけを問題にしてはだめなので、その「蝦夷」が歴史上の古代蝦夷、つまりエミシの用法に属するのか、それとも新しい第二蝦夷、つまりエゾの用法に属するのかを、まず検討しなければならない。ところで、供養願文にしても、『台記』『玉葉』にしても、古典的なことばの用法に属することはいうまでもない。したがって、これは、時期的にエゾという用法がすでに始まっている時の用例であるにもかかわらず、古典的な蝦夷用例とみるべきで、たとえば、中世になっても、坂東武者が「あずまえびす」と呼ばれたのと同じような貶称と考えるべきである。だから、藤原氏が、東夷であったり俘囚《ふしゅう》・夷狄《いてき》だったりするのは、東北の方民という遜称《そんしょう》ないし蔑称《べっしょう》として言われているので、ただちにエゾであること、ましてアイヌであることを意味するものではない。

ただし、エミシというのは、東北の未開・粗野な方民の意味なのであるから、それはただちに日本人だけを指す、ということにもならない。古代東北に住んでいた人たちが、すべて日本人であったというのであれば、エミシはすなわち東北の日本人ということになるが、もし、そこに日本人以外の人種も住んでいたか、もしくは日本人以外の人種が住んでいたのであれば、それらもみなエミシになる。したがって、エミシが日本人かアイヌかということは、一義的には成り立たない議論であって、厳密には、それぞれの用法について、別の確実な証拠にもとづいてその人種の違いが言えるのでない限り、日本人ともアイヌとも言えないわけである。

ただ、少なくとも藤原氏については、その人種上の性格を見きわめる手がかりが残されている。というのは、清衡《きよひら》・基衡《もとひら》・秀衡《ひでひら》三代の遺体と四代泰衡《やすひら》の首級とが、金色堂に現存して、昭和二十五年には、その遺体調査が行なわれ、学術報告書が刊行されているからである。朝日新聞社編『中尊寺と藤原四代』がそれであるが、これによると、藤原四代は、形質人類学的に、日本人以外の何ものとも考えられず、アイヌと考えるべき特徴をまったく示していない、とされるのである。

このことは、いろいろな意味で重要な歴史的証言となったものであった。まず、蝦夷と称されているものが、決してアイヌをすぐに意味しないことが明らかとなった。これは、古代蝦夷観念が、政治的・文化的用法であって、ただちにアイヌであるとかないとかいう人種的用法でないといったのを、事実の側から傍証したものであった。次に、このことは、藤原氏の出自が日本人であることはもとより、その母方の親族をも含めて、関係者がみな日本人系であったことを意味する。ところで、藤原氏には、いわゆる蝦夷系とされる安倍氏の血が二度も混入している。そのような血統混合にもかかわらず、藤原氏の形質にアイヌ種としての特徴が認められないというのであれば、これはひとり藤原氏だけでなく、安倍氏、したがって、ひいては安倍氏を俘囚長としていたところの当時の俘囚つまり本来的には「蝦夷」が、現実に日本人的構成をかなり一般的に示していたことをも、同時に示すことになり、藤原氏の歴史的周辺を洗い出す上でも、きわめて重要な意味を持つものとなるのである。

藤原氏の生いたち

藤原氏の系図は、初代清衡の父経清《つねきよ》までは、正確なことが、まったく不明である。このことは、藤原氏だけでなく、豪族の系譜としてはこれに先行する安倍氏・清原氏についてもまったく同じである。そして、後世に伝えられた系図というものの性質から考えて、そのこともきわめて自然であることがわかる。それらの諸系図は、安倍・清原・藤原諸氏を、すべて逆賊として平定した中央支配階級の息のもとで成立したものである。彼らにとっては、辺境の歴史は、彼らと関係があった限り、関心ももたれ、したがって記述の対象にもなりえた。それ以外には必要のない世界だったのである。ただ、時がすすみ、遠い辺境の昔の出来事が、都人士の間で物語世界として空想をそそるようになると、一方で虚構の物語化がすすむとともに、他方でその出自や家柄などに対する興味も深まって、確かでない世系を想像や伝承で補う系図づくりが始まったのである。それらはおおむね中世も後半に入ってからのことである。信用すべき部分がほとんど見当らないのも、そのためである。

しかし、そのような事情の中から、少なくとも二つぐらいのことは、ほぼ確かなこととして承認できるようである。一つは、藤原の先祖が、下総国か、少なくとも坂東の住人として、かなりの地位を得ていたと思われること、もう一つは、その家柄は、秀郷《ひでさと》流の藤原氏であったか、もしくはすでにそう称していたと考えられること、の二つである。坂東武士の出で、藤原秀郷の流れを汲む歌人の西行《さいぎょう》は、藤原秀衡のことを「一族」と呼んでいるし、清衡の父経清は「散位《さんい》」と呼ばれ、亘理《わたり》権守《ごんのかみ》などとも称されている。また、由利《ゆり》八郎という平泉側の武将は、藤原氏をもって、「秀郷将軍嫡流の正統」と主張している。

これらのことから、藤原氏が、秀郷流の坂東武士の家がらであって、かなりの名家を誇っていたらしいことは、ほぼ確かであろう。

藤原氏の初代は清衡であるが、藤原氏の歴史のはじまりは、その父経清からあとづけることができる。『陸奥話記《むつわき》』その他の当時の記録によれば、経清は「散位藤原朝臣《あそん》経清」と呼ばれていた。したがって陸奥国の現地ではりっぱに貴族として名の通っていた人である。彼は前九年《ぜんくねん》の役《えき》の起こるときには、源頼義《よりよし》のもとの政府軍の部将という地位にあった。後世、彼が亘理権大夫《ごんのだいぶ》とか亘理権大夫とか称されているところからすると、陸奥国衙《こくが》の国司の系列につらなる官人であったと考えてよかろう。そして、亘理郡（現宮城県）あたりに所領を持っていたということであったかもしれない。彼の同僚の平永衡《ながひら》というのが伊具《いぐ》十郎と呼ばれているところから、伊具郡（現宮城県）あたりを支配したらしいことと似たような関係にある。ということは、このような人たちが、国府の官人として奥州に下向したのであって、もともとからの土着人でなかったことを物語る。

ただし、このような官人たちの去就は、きわめて複雑であった。それは、平安後期という時代の政治の分裂から、必然的にもたらされたところのものであった。当時、国府という行政機構は、官人単位の領主制支配という方向に分解しつつあった。経清もまた、そのような情勢のもとで、亘理権守と呼ばれたりする官人領主制を形成しつつあった。

ところで、このころの奥州には、国府権力に対抗するようなもう一つの巨大権力が、現地に成立しつつあった。それが安倍氏の俘囚長支配権である。胆沢城《いさわじょう》から北、志波城《しわじょう》・徳丹城《とくたんじょう》付近から南、奥六郡《おくろくぐん》と呼ばれた地域に降伏蝦夷集団の勢力を背景にして、一独立国のような勢力を確立していた。鎮守府《ちんじゅふ》はその勢力の中に包摂されてしまった。国守も遥任《ようにん》制となった現地では、この奥六郡の俘囚長権との提携なしに、政治も支配も不可能になった。経清もまた、このような情勢のもとで、俘囚長安倍頼時《よりとき》の婿《むこ》となって、その現地領主としての立場を保全する政策をとった。

前九年《ぜんくねん》の役《えき》の勃発は、このような二つの権威の間を泳ぎまわる政策を不可能にした。前九年の役は、ある意味では、国府と俘囚長との間に両棲類《りょうせいるい》的に介在していた官人・領主層が、最終的にどういう去就を示すかということを柱とする出来事であった、とも言える。

　はじめ、おそらく有力な国守の従者というような形で奥州入りした経清は、国府の官人として、まずその地位を定めた。しかし、その私領主としての地位を確立する過程において、彼は敵とすべき安倍氏の土豪権力と結んで、その支援をえた。源頼義という四海を圧する将軍が国守として下向すると、彼はふたたび国府官人という立場にもどった。しかし、国守の側からその本心を疑われ、その最終的な去就を迫られると、経清はついに安倍氏のもとに走った。そして、安倍氏のもとのもっとも有力な部将として、この戦争を組織することになる。前九年の役は、この時から、本格的な激突の段階に入るのである。

　この戦闘で、経清の指導性をもっともよくきわだてているのは、次のような事実である。征討軍が兵員・兵糧に乏しく、しかも援軍もなく、まったく手をこまねいていた時のことである。衣川関《ころもがわのせき》を越えて政府側の領土までその私兵を出して官物を自由に徴発させた経清は「白符《はくふ》を用うべし、赤符《せきふ》を用うべからず」と命令した、という。赤符とは、赤印の押されている国府の徴符のことである。白符とは、その赤印のない経清の私徴符である。国の支配をめぐって、国府の権威に対抗するものとして、藤原経清という私領主の権威が対置されていることが知られるであろう。安倍氏の中でも、頼時《よりとき》・貞任《さだとう》とならんで、この経清の地位は別格である。厨川柵《くりやがわのさく》が落ちて、安倍氏の与党がそれぞれに処分されるのであるが、彼に対する処罰ほど、残酷をきわめたものはなかった。

「今、こうなっても白符を用いることができるか。」頼義は憎悪をもってそう責めたという。国府の権威に正面から挑戦したものに対するはげしい怒りが、そこには表明されている。そして、これを斬刑に処するにあたっては、これをできるだけ苦しみを長びかせようとして、鈍刀をもってその首を何回も何回も斬りつけて死にいたらしめた、というのである。

そこには中央の、とくに源氏による東北支配に対して、正面から対決するものとしての反骨の構えが、すさまじいばかりの迫力でえがかれている。それが、平泉藤原氏の最初にくる歴史的真実である。

平泉の開府

十二年にもわたった前九年の役は、出羽国の山北《せんぼく》（雄勝《おかち》・平鹿《ひらか》・山本《やまもと》三郡地方）の俘囚主清原光頼《みつより》・武則《たけのり》兄弟の参戦によって、ついに源氏の勝利となった。その功により、清原武則は、戦後の論功行賞において、鎮守府将軍に任ぜられ、山北の支配のほかに、安倍氏の奥六郡支配をも許された。経清の妻だった安倍氏は、子の清衡をつれて、その武則の子武貞の後妻となったのである。したがって、藤原の初代清衡は、はじめ清原として成長したのである。

その清原氏では、武貞の子真衡《さねひら》の代になって、嫡宗《ちゃくそう》の権力を集中しようとするいきかたと、同族間の分権を維持しようとするいきかたをめぐって、内紛が生じた。永承六年（一〇五一）に起こった前九年の役が、十二年の戦いののち、やっとおさまったのは康平五年（一〇六二）であったが、それから約二十年して永保三年（一〇八三）には、奥羽にふたたび戦乱が起こった。それが後三年《ごさんねん》の役《えき》である。

はじめ、清衡は、同母異父の弟家衡《いえひら》とともに、嫡兄真衡に対抗していたが、陸奥守となった源義家《よしいえ》が下

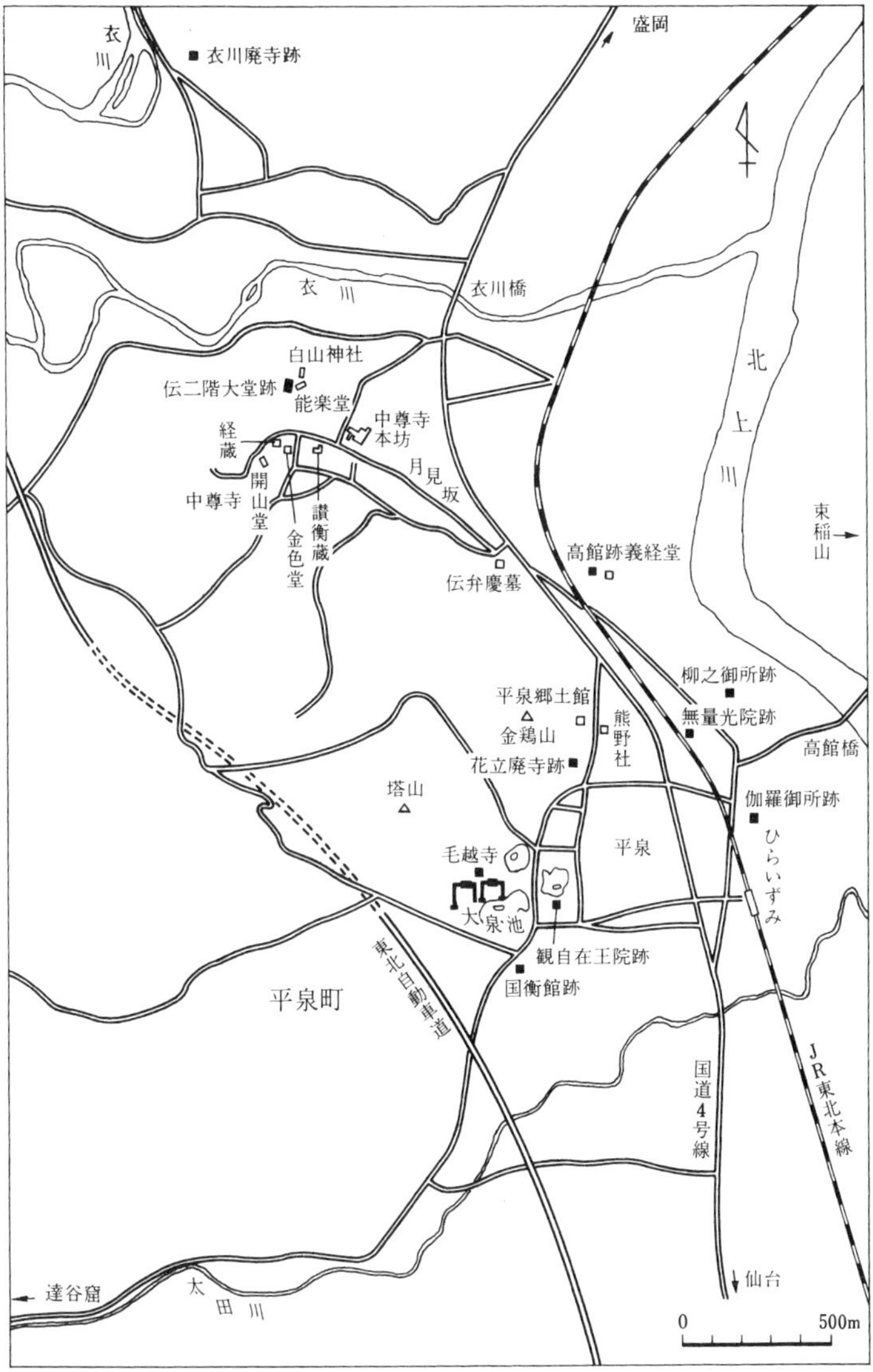

衣川
衣川廃寺跡
盛岡
衣川
衣川橋
白山神社
伝二階大堂跡
能楽堂
中尊寺本坊
経蔵
開山堂
中尊寺
金色堂
讃衡蔵
月見坂
北上川
東稲山
高館跡義経堂
伝弁慶墓
柳之御所跡
平泉郷土館
無量光院跡
熊野社
金鶏山
高館橋
花立廃寺跡
塔山
伽羅御所跡
平泉
ひらいずみ
毛越寺
大泉池
観自在王院跡
国衙館跡
平泉町
東北自動車道
国道4号線
JR東北本線
仙台
達谷窟
太田川
0
500m

平泉周辺図

向して来て、この内戦に干渉するにいたって、義家の命をうけるようになった。そして真衡が頓死したのちは、家衡とともに六郡を二分して支配していたが、二人の間にまた争いが生ずると、清衡はたくみに国司義家の勢力を利用して、家衡の攻撃を国司権への反抗という形に仕立てあげた。こうして、家衡は叔父武衡《たけひら》とともに、もともとは清原内部の権力争いという性質のものであった紛争を、源氏に対する清原の争い、公権に対する私権の反乱という分の悪い戦いの立役者の位置に立たされることになったのである。

清衡は、そのころ三十歳をいくらも出ていなかった。単なる武力だけでなしに、政治の力によって勝ってゆくという政治家としての面影が早くもこのころからうかがわれる。安倍氏も清原氏も達成できなかった東北の現地政権の確立という課題を、清衡がなしとげたというのは、この政治的資質によるのである。

さて、清衡の政治家的資質は、次のような形で、さらに明瞭になる。後三年の役が終わった寛治元年（一〇八七）の暮ころには、源義家は、何の行賞もなく、逆に陸奥守を解任されている。それは政府の指令によらず私戦を戦った、という理由からであった。それなのに、彼と同盟して戦った清衡には、これというとがめがあったらしい気配はまったくない。そればかりか、清衡はその四年後の寛治五年（一〇九一）には、関白藤原師実《もろざね》に馬二頭を献じ、奥州の現地支配者としての地位を中央に承認させ、翌年には国司にも反抗して戦争を企てるような実力者にのし上がっている。これは、義家の犠牲において清衡の地位が保障されたものというよりほかない。政治家清衡の工作が朝廷や摂関家の権威をたくみに利用して、奥州の支配者としての地位を固めるのに成功したものというべきであろう。『古事談《こじだん》』や『十訓抄《じっきんしょう》』などという物語によると、清衡は摂関家以外にも多くの高官に金や馬などを贈って、その事実上の支配を正当化しようとしていたことがわかる。大納言の源俊明《としあき》という人は、「清衡は王地を多く押領して今にも謀叛を起こそうとしているから、そのような人から贈物など受け取ることはできない」と言って、ことわったという。清衡の政治工作が、どのように都に浸透していたかがわかる。

政治家清衡のすぐれた資質を、もっともよく物語っているのは、東北政治の首都、平泉の建設である。後三年の役を戦うころの清衡は、江刺郡《えさしぐん》（岩手県。胆沢城の東）の豊田館というところにいた。嘉保年間（一〇九四～九六）、彼は、そこから磐井郡《いわいぐん》平泉《ひらいずみ》に館《やかた》を移した。それは、東北の歴史にとっては、東北人による東北の政治都市づくりという画期的な意味を持つものとなる。単なる領主の館移り、という程度のものではなかった。

衣川《ころもがわ》という川がある。中尊寺《ちゆうそんじ》の西からその北側の山すそを流れて北上川に注ぐ川である。この川で胆沢郡と磐井郡とが境いされる。ところで、胆沢郡から北はいわゆる奥六郡で俘囚長の指揮下に立つ地域である。磐井郡から南の地域が、当時としては、ほんとうの「王地」つまり内郡と言ってよい地帯である。そこで、衣川の北にある、ということで現地の俘囚支配が示されていたし、その南に出る、ということで、東北のすべてを包む統一支配が意味されていた、ということができる。安倍氏は、衣川の北に館を構えていた。その限り、奥六郡の領主であった。清衡はその衣川を南に越えて平泉に館を構えた。それは距離にすれば、ほんの数キロたらずの違いなのであるが、奥六郡の内にとどまっていることと、その外まで押し出していることとの違いからすれば、質の違いがその間にはある。

清衡は、こうして、東北の在地土豪から身を起こして、在地支配＝奥六郡支配を乗り越えて、東北全体の統一という課題にいどむ政治の道を開くことになる。

それだけでない。『吾妻鏡《あずまかがみ》』によると、平泉の位置は、南は白河関から数えて十余日、北は外ケ浜《そとがはま》（陸奥湾ぞいの津軽半島地域）までが十余日の行程で、つまり東北のちょうどまん中にあたる。清衡はその認識に立って、ここに平泉のまちづくりを行ない、文化を興した、というのである。ということになれば、ここには東北全体に君臨する者、としての自覚がすでにあったと考えねばならない。

こうして、平泉には、二代・三代と経過するうちに、東北全体の政庁としての機能がととのえられていった。それが最後的に完備するのは三代秀衡《ひでひら》の時であって、藤原氏が滅びるさいには、奥羽両国の省帳《しょうちょう》・田文《たぶみ》のたぐいが、みな平泉館に集められていたという。もちろん、制度上の国府は多賀城や城輪柵《きのわのさく》（出羽国府　酒田市内）にあったのだから、これは、制度外の政庁である。しかし、実際の支配力からすれば、平泉の政治力は、国府のそれよりも強くかつ広かったから、それは事実上の東北政庁であったのである。

これは、日本史上、画期的な出来事であった。いったい、日本では、これまで、政府の経営に成る都城や地方政庁はあったが、地方が独力で経営した政治都市というものはなかった。藤原氏による平泉の都市は、地方豪族が建設した政治都市としては最初のものである。それは平氏の六波羅《ろくはら》政権、源氏の鎌倉幕府に先んじて、武門が政権を開く先駆をなし、鎌倉が奈良や京都のような中央都市に代わって地方に政庁を開く先がけをなしたものと言える。

それだけでない。ここには、中尊寺・毛越寺《もうつうじ》・無量光院《むりょうこういん》のような大伽藍《だいがらん》が皆金色《かいこんじき》に輝やく文化も咲きそろっていた。地方にこのように文化が系統的につくりあげられた点でも、平泉は地方都市として例外であり、鎌倉の先蹤《せんしょう》となるものである。

清衡は、東北の歴史に、いや日本の歴史に、そのように画期的な、地方政治および文化の独立をもたらしたのであった。

匈奴一国押領

二代基衡は、父清衡が亡くなったあと、兄を越後まで追い攻めて殺し、二代の位置を勝ち取った。そのことでもわかるように、基衡は、力によって藤原の地位を確立するのである。昭和二十五年の遺体調査によっても、彼は堂々たる偉丈夫であったことが証明された。彼について語られている三つの史実も、すべてその剛胆きわまる力の政治を物語っている。

まずその第一は、宗形宮内卿《むなかたのくないきょう》藤原師綱《もろつな》が、陸奥守となって奥州に下ってきたときのはなしである。以下は『古事談』『十訓抄』に載るところである。

白河院の近臣として信任の篤かった師綱が、陸奥守となって奥州に下ってみると、奥州一国は、基衡が押領してしまったようなありさまで、国司の威光などは、ないにひとしい有様であった。硬骨をもって鳴るところの新国司は、宣旨《せんじ》を申し下して、検注＝検地＝を実施しようとした。基衡はその腹心の信夫《しのぶ》郡郡司、大庄司季春《だいしょうじすえはる》という者に命じて、これを妨害させた。基衡の考えでは、妨害の構えを見せておどしをかければ、たいていの国司は引っこむとタカをくくっていたが、この国司は一歩も引かず、在地の国司である基衡にその平定を命令してきた。基衡もこうなっては、公然と王命にそむくこともできず、やむなく季春には因果を含めてこれを国司のもとに差し出した。そしてかげでは、妻女に申し含めてその助命を歎願した。その歎願料は金一万両をはじめとして、国司在任中の年貢の総額にもまさったが、国司はそれに見向きもせず、季春《すえはる》を斬った。

以上が宗形宮内卿師綱の忠節物語である。これは基衡下の奥州押領体制ができあがってしまっているなかで、こういう例外的なこともあったというはなしなので、歴史の基調としては、基衡の支配がどのようにかたく、その財力がどのように大きかったかを物語る挿話として理解されねばならぬ。季春こそ処罰されても、基衡には何のとがめもなかったことで、そのこともおよそ見当がつくのである。

その次に知られているのは、左大臣藤原頼長《よりなが》との間におこった荘園年貢増徴問題である。これは、頼長の日記の『台記《たいき》』というのに、くわしく書かれている歴史的事実である。

頼長の父、関白藤原忠実《ただざね》には、陸奥に高鞍《たかくら》・本良《もとよし》の二荘、出羽には大曾禰《おおそね》・屋代《やしろ》・遊佐《ゆさ》の三荘、合わせて五つの摂関家領荘園があった。基衡は現地領主としてそれらの統一管理にあたっていた。忠実のころから、そこの年貢を増徴する交渉が始まっていたが、忠実はその家司《けいし》たちの助言を入れて、これを強行しようとしなかった。「匈奴《きょうど》というものは、もともと無道なものである。強行すれば、東土に権威を失うことになろう。彼らはただ徳でなつけることができるだけだ」。そういう考えからであった。強気の悪左府《あくさふ》はそれに従わなかった。かなりの減額はしたものの、とにかく増徴案を基衡にのませた。仁平三年（一一五三）のことである。

そんなふうにして徴収された年貢金六五両が、間もなく頼長のもとに届いている。頼長はそれを得得《とくとく》と書いているが、当の基衡にしてみれば、一郎等《いちろうとう》の助命のために一万両も投げ出そうという分限である。基衡にとっては、いたくもかゆくもない額について、これだけ渋い交渉をしているのだ。奥羽全領について、平泉側の全余剰生産の独占体制がもう確立しつつあることが、ここでは逆に裏書されていると言わねばならぬ。頼長はおこぼれを喜んでいるにすぎないのである。

もう一つの話柄《わへい》は、毛越寺金堂円隆寺《こんどうえんりゅうじ》本尊を造立するにあたっての物語で、『吾妻鏡』が伝えているものである。そのはなしの筋は、およそこうである。

毛越寺金堂円隆寺を造立するにあたって、基衡は、仏師雲慶《うんけい》という者に本尊の造顕を依頼した。慶派《けいは》の仏師らしいから南都仏師であろうが、運慶《うんけい》とは時期も違うから、史上のどのような仏師かは、よくわからない。仏像には上中下の三段階があった。雲慶はそのうちのどれにするかと聞いた。基衡は「中」と答えたという。「上」と言いそうなところを「中」と言ったのは、田舎者としての遠慮からであったかもしれない。基衡の真意は金目にあかさず、特級品を造ることにあったのである。交渉が成立すると、基衡はただちに前金として百両を送ったほかに、鷲羽・水豹《あざらし》皮・糠部《ぬかのぶ》駿馬・安達《あだち》絹・希婦細布《けふのせばぬの》・白布・信夫《しのぶ》毛地摺《もじずり》など、奥州の名産・特産を、三年がかりの功を終えるまで、東海道・東山道を片時も絶え間なく贈物として貢ぎ続けた。別録として生美絹《すずしのきぬ》を船三艘で送った時のことであった。仏師雲慶は、冗談まじりに「これも結構だが、練絹《ねりぎぬ》だと、なおありがたかった」と言ったそうである。すると基衡は、それは迂闊《うかつ》だったと言って、すぐに練絹もまた三艘分、送り届けたというのである。

そんな話題をまいて、この仏像造顕がすすんでいたので、それが完成したときの都の評判は、大変なものであった。うわさは天聴にも達した。好奇心にかられて鳥羽法皇《とばほうおう》までがそれを一見したいと言い出した。その見事さに打たれた法皇は、この仏像の奥州下りを停止させた。基衡は持仏堂《じぶつどう》にこもり、七日間断食してその東下《とうか》を祈願した。子細を関白九条忠通《ただみち》に訴えて、ついにその東下を実現することができた。

およそ、そういった伝えである。基衡の豪富がどのように大きなもので、それがどのくらい大きな政治力として組織されていたか、また、都ではどれほど評判であったか。この物語はあますところなく伝えているのである。

北方の王者

清衡がはじめ、基衡が築きあげた一国押領体制を、制度上の支配体制に組織したのは、三代秀衡である。その意味で、秀衡は、藤原氏の課題を完成する者としての位置を占める。初代・二代の奥州支配は、事実上の支配であった。三代の支配は合法支配の正当性を保証されている。これは藤原氏にとって、画期的なことである。

ところで、それはひとり藤原氏にとっての新しさにつきるものでなかった。藤原氏の支配は清原氏のそれをうけたものであり、清原氏の支配は安倍氏のそれを継いだものである。『奥州後三年記《おうしゅうごさんねんき》』には、「奥六郡の主は、もと安倍氏であった、前九年の役の功により、清原氏がその主となった」とあり、『吾妻鏡』

には「藤原清衡は、継父清原武貞がなくなったのち、奥六郡を伝領した」とある。これらによって、藤原氏は「奥六郡の主」という地位を、安倍・清原両氏から伝領していることがわかる。「奥六郡」というのは、奥州在地の族長支配を象徴する領土のことで、その支配者は、奥州に君臨するという考えが当時行なわれていた。これは「奥六郡の観念」というふうに呼んでもよいであろう。藤原氏は、そのようにして、安倍氏・清原氏をうけて、奥羽の族長制支配を大成するものとしての使命を帯びていた。安倍氏や清原氏が確立した族長制というのは、「俘囚主」としてのものであって、系譜的には古代蝦夷の族長支配に結びついていた。古代蝦夷は「一以て百に当る」と評されながら、小さな村に割拠していたために、各個に撃破されて、蝦夷の支配というようなものを、大規模な形で組織することができなかった。安倍氏はそれを「奥六郡」にまたがるものに、清原氏は奥羽二国におよぶものに拡大した。藤原氏は、それをさらに緻密に組織して、今三代秀衡の代にいたって、それを制度的にも正式な奥羽行政権にするのである。

その点で、三代秀衡は、蝦夷以来数世紀にわたる辺境の課題を、一身にになない実現する使命を帯びた人である。「北方の王者」と彼が呼ばれるのも、そういう意味からである。鎮守府将軍に任ぜられ、陸奥守になるということで、そのような仕事が達成されるのである。

秀衡が鎮守府将軍に任命されたのは、嘉応二年（一一七〇）のことであった。どのような理由があってのことか、まったくわからない。九条兼実の『玉葉』には「奥州の夷狄《いてき》秀平、鎮守《ちんじゅ》府将軍に任ず、乱世の基なり」とある。おそらく奥羽の支配体制がまったく確立したことと、大規模な貢金・貢物による政治工作とが功を奏してのことであったろう。古代貴族の正統をもって任ずる九条兼実が、それを「乱世の基」

と評したのは正しい。これまでは、たとい支配はしていても、それは不法なものと言いえた。その限り、古代支配の原理は保たれた。それに対して、鎮守府将軍という地位は、正規の官制上の地位である。現地の族長制も、正義の側に包みこまれたことになり、その支配は正当化されたことになる。過去においても、清原武則が鎮守府将軍に任ぜられているが、これは前九年の役平定というはっきりした戦功によっている。秀衡のように、その領主としての一般的声望によるものとは、性質がまったく異なっている。つまりそのところに「乱世の基」があったのである。

そのことよりも、さらにいっそう、その「乱世」の状態を大規模に現出したのは、秀衡の陸奥守任命であった。鎮守府将軍というのも正規の公的官職ではあるが、これはまだ軍政官である。当時は、正規兵ではなしに、有力武将直属の家臣団、つまり家の子・郎等のたぐいがその軍職にあたる、という状態であったから、現地の公権機能でこの将軍支配のもとに組織された部分は、事実上解体していた軍事・警察機能の回復、という感もなくはなかった。

しかし、陸奥守となると、性格が違う。国守は、国の最高行政官である。民政・財政・軍政を含めて、すべての行政権が、そこに集中する。現地人が正式に国家を代表するというような事態は、これまでの東北史にはない。古代国家としても、そのような扱いを東北の族長にしたことはない。東北が「辺境」という区別を取りはらって、「一つの日本」という原則をはじめて確立したのは、実にこの時なのである。正統主義者の九条兼実《くじょうかねざね》が「天下の恥、何事か之れに如《し》かんや」と歎いたのは、その「華夷水平《かいすいへい》」という「乱世」が決定的になったことに対する憂慮からであった。

このように重大な変革が実現するのには、それなりに理由がなければならぬ。養和元年（一一八一）八月十五日、秀衡が陸奥守に任ぜられたときの政治情勢は、いわゆる治承・寿永の内乱期に相当する。前年の治承四年には、以仁王《もちひとおう》の令旨《りようじ》によって、源頼朝《よりとも》が、ついで木曾義仲《よしなか》が兵をあげ、東国は騒然たる内乱状態に入ってしまった。平軍の敗北が決定的になった段階で、平氏の唯一の政治家清盛《きよもり》がこの年の閏二月四日死去した。後事を継ぐことになった宗盛《むねもり》には、独力で戦う兵力も、それを組織する政治力もなかった。彼は、恥も外聞もなく、ただ兵力だけを借り集めようとした。そして、それが政治家としては、まったくの政治喪失を意味することも、意に介さなかった。九条兼実は、宗盛らの「計略は尽き了わった」と評したのである。

秀衡を陸奥守に任命するというのは、そのようにして起こった兵力集めのための見返りとしてであった。奥羽の兵力は一七万騎と称されていた。この常勝の奥州勢を関東勢の抑えに配すれば、頼朝とその与党も、どうしようもなかろう。宗盛らは、北関東の佐竹氏なども反頼朝の立場にあることをみてとって、そういう観測のしかたをしていた。越後の城《じよう》氏というのを越後守にして木曾にあてると、西は平氏が固め、東は背後から秀衡勢、北は城氏が南下する、という構想のもと、源氏を包囲する態勢をつくりあげることができると、宗盛らは判断したのであった。そして秀衡には、さらにもう一歩進んで、白河関《しらかわのせき》を越えて、関東に打って出させようとして、前例のない陸奥守奏請の手続きまでとったのであった。だから、ここには、平泉に対する異常な期待が根底にある。事実、このころ平氏は、平泉勢の動きにすべての望みを託し、秀衡らの動静に一喜一憂していた。九条兼実はその様子をはたから見て、昨今の京勢は、平泉勢が立つだろうと言って活気づいている、と冷評しているのである。

秀衡はりっぱな武将であるとともに政治家でもあった。京都には今にも立つ、白河を越える、というふうに宣伝しておいて、平泉を一歩も動かなかった。頼朝に乗ずる口実を与えない武装中立で、京都にも鎌倉にも、それぞれの形で答えようというのであった。それによって、頼朝も牽制《けんせい》されて鎌倉を離れることができなかったから、京都に対する義理をはたせたし、鎌倉に対しては、中立国としての立場を主張することができた。

秀衡のこのような高等政治は、平氏滅亡後の義経問題においても、あざやかに示された。平氏滅亡後の義経問題は、当時の最大の政治問題であった。秀衡は、その義経を公然とかくまった。それは、牛若丸時代にも彼をかくまった縁故とか、窮鳥《きゆうちよう》が懐に入ったからこれに同情したとかいうような心情からではない。そこには緻密な計算と大胆な政略とがあったと、私は判断している。彼は、頼朝の最後のやいばは、平泉に向けられるであろうことを察していた。それは、古代以来、近くは前九《ぜんく》・後三年《ごさんねん》の役《えき》以来、ほとんど宿命的と言ってよいものである。力による対抗が根底にあり、かつ鎌倉と五分に戦える態勢をとりうるときだけ、鎌倉との共存、平泉の独立は保持できると彼は考えていたのである。義経を抱え込むことは、鎌倉に対抗しうる正義と武力とを組織するための策に出たものである。しかし、それがきわめて大胆な決断であることも明らかである。それは、もろはのやいばでもある。相手を刺す刀は、同時にみずからをも殺す刀にもなるのだが、それを高度な政治として破綻なく調和させえたところに、政治家秀衡のたぐいまれな資質も認められるのである。

ただし、秀衡のそのような放胆な政略も、頼朝の天下という大勢が定まるにつれて、一歩々々後退を余儀なくされた。文治二年（一一八六）四月二十四日の平泉＝鎌倉協定は、頼朝の平泉封じこめ政策が、ようやく功を奏してきたことを示すものとして注目される。平泉からは、これまで、京都に対して、貢馬・貢金を直送していた。東海道の惣管《そうかん》である頼朝は、朝廷の命により、これを管領《かんれい》する、今後は頼朝が代わって伝進する、という申し入れを秀衡が受諾したのである。京都に直接開いていた外交上の独立権が否定され、鎌倉を通して京都に結ぶという政治上の従属関係がここで始まった。平泉孤立化の始まりと言えよう。ただし、秀衡の政治と義経の武略とが結ばれている限り、平泉は東北の独立を主張する力を保持しえた。頼朝も、それを十分承知していた。

この結合が破れるとき、平泉の独立は破れる。平泉の政治を一身ににになった秀衡が文治三年（一一八七）十月二十九日になくなった。これで、もろはのやいばを扱いうる人がなくなった。四代泰衡《やすひら》は、善良なだけで政治を知らなかった。秀衡の政治が失われたあとの平泉には、頼朝の政治が入ってきた。泰衡はその政略にひっかかって、義経を殺すことで平泉の独立を保とうとした。頼朝はその段階で平泉を滅ぼそうと考えた。そして文治五年（一一八九）の奥州戦役となり、藤原氏は滅亡した。

秀衡の死が平泉の政治の終了であり、その政治の喪失が平泉の滅亡を決定したのである。

平泉文化の性格

平泉文化には、さまざまな特色がある。

まず第一に、政治都市平泉とともに、文化都市平泉は、日本史上、地方の力によって築かれた文化都市としては、はじめてのものである。蝦夷という非文化世界に、古代文化＝貴族文化の一典型をなす総合文化がつくりだされている点で、それは画期的な意味をもつ。

第二に、平泉文化は、平泉の政治がつくり出した文化である。それは黄金文化である。東北は金の特産地だから、それができたのだ――人はそう考えている。しかし、それは誤っている。東北の産金は、平泉以前、四〇〇年の歴史を持つ。それまで東北の金は、都の文化は興したが、東北の文化は興さなかった。とすれば、平泉に黄金文化を興したのは、黄金そのものではなしに、黄金を地元に組織した政治力であったと言わねばならない。広い東北の富を、すべて地元にとどめ、地元のために自由に使える主権意志の成立が、この文化を可能にしたのである。

第三に、中尊寺・毛越寺・無量光院ともに、金銀螺鈿《らでん》などの七宝荘厳《しっぽうしょうごん》の粋をこらした文化であったことが、『吾妻鏡』などの記事でよくわかる。「皆金色《かいこんじき》」ということばが、それを代表している。一般に平安末期の浄土教《じょうどきょう》文化は「皆金色」という形で此土《しど》を荘厳し、それを通して浄土を地上に再現するという考えかたをしていた。浄土曼荼羅《まんだら》というのがそれである。しかし金色堂の七宝荘厳巻柱《しっぽうしょうごんまきばしら》や金銀字交書一切《きんぎんじこうしょいっさい》経《きょう》などの現存状況からすれば、当時においても「皆金色」という荘厳において、これほど豪奢で華麗な文化が、京都でもこのように集中的に営まれたかどうか、疑問である。平泉文化は「皆金色」という装飾文化としては、平安末期を代表する文化である。

第四に、これは石田茂作《いしだもさく》博士なども言っておられることであるが、少なくとも現存状態に関する限り、平泉文化ほど、平安仏教文化をセット文化としてよく代表するものはない。建築・仏像・仏具・写経・庭園など、平泉には、平安仏教を復原するために必要な諸要件は、物として一わたり現存する。これは、他のどの場合でも不可能で、平泉にだけ可能な文化史的特質である。とくに平泉文化は、その漆工・金工・螺鈿細工などの美術工芸において、正倉院とならんで、古代の水準を代表する宝庫ということができる。

第五に、仏像彫刻史上の特徴であるが、中尊寺諸彫刻は、現存する限り、寄木《よせぎ》造りの定朝《じょうちょう》様式としては、東日本でもっとも早い伝播《でんぱ》を示す。金色堂三壇の諸像やその工芸的手法から、平安末期一〇〇年を、ほぼ三〇年単位に三区分できるような基準例が、ここで与えられているのも、美術史上の独自な点である。

第六に、平泉文化は、かならずしも平泉にだけ限られた文化ではなく、広く東北諸地域にその文化の余脈を引いている。白水阿弥陀堂《しらみずあみだどう》（福島県いわき市）・松川二十五菩薩堂《ぼさつどう》（岩手県東磐井郡〈現一関市〉）・立花毘沙門堂《たちばなびしゃもんどう》（岩手県北上市）・慈恩寺阿弥陀如来像《じおんじあみだにょらいぞう》（山形県寒河江《さがえ》市）・高蔵寺《こうぞうじ》（宮城県角田市）などのごときである。そして、これらは、かなり計画的な文化政策によって、平泉中心に全東北に配置されたものでもあるようである。『吾妻鏡』によると、清衡は、陸奥国の中心に平泉館を構え、そのまん中に中尊寺を建て、一町ごとに笠卒都婆《かさそとば》を置き、一万余ある村々には一つずつ寺を建て、仏性灯油田《ぶつしょうとうゆでん》を寄進したのである。平泉文化が、決して平泉に孤立したものでなく、東北に広い裾野をもった中心文化として構想されている、ということが注意される。

第七に、藤原三代の遺体とその文化との関係である。金色堂がまず常行三昧《じょうぎょうざんまい》堂として営まれ、そこに遺体を納め、さらに二代・三代も追葬したために、後世葬堂とみなされるようになったものであることには問題がない。問題は、なぜこのような葬法をとったかにある。この葬法は、やはり永久保存を目的としたものと考えられる。これをアイヌの風習に結びつけて考えるのは誤りであろう。藤原氏がアイヌでないことはすでに証明ずみである。藤原氏は、浄土信仰における此土浄土《しどじょうど》・此土往生《しどおうじょう》を、そのままこの世の生とあの世の生との一致としてとらえたと理解すべきである。この素朴な往生観の背後には、現世は死んでも、もう一つの生をもって、現実にこの世を治めるのだという願望が横たわっていたであろう。金色堂は、そのようにして、もう一つの現世世界として、三代の遺体にささげられたのであった。平泉の仏教文化は、こうして、むしろ此土浄土、浄土の地上実現を追求する文化である。豪奢な文化は、現世なる仏にささげられたものである。藤原氏がその全財産を、この文化建設に注ぎこんだのも、その意味では現世のためのものである。そうであって、はじめて彼らがなぜ、あのように文化に執心したかも、よく理解されるのである。

（原題「藤原三代の歴史と文化」、『仏教芸術』七二号〈一九六九年十月〉より収録）

〔追記〕　この稿について次の三点を追補しておく。

㈠　本文ではエミシとエビスとを同じものの言い直しという通説に従っているが、現在ではエミシとエビスは区別して用い、ここではエビスで通して理解すべきであるとする立場をとっている。『古代蝦夷を考える』参照。

㈡　藤原経清については最近、前九年の役直前、陸奥国司の一人として下向してきていることが『造興福寺記』で証明された。

㈢　中尊寺は法華経にもとづき地上極楽のあかしとして建立されたこと、金色堂ミイラは多宝入定の教説にみちびかれて、その地上極楽の実現を待つ永生の相と考えるべきものであること、などが最近の私見である。中尊寺を法華経に結んで理解することには、他にも説がある。

Ⅰ　その光と影

1　藤原氏の登場——奥六郡の司

辺境の実験　十一世紀の半ば、永承六年（一〇五一）から始まって康平五年（一〇六二）まで続いた前《ぜん》九年《くねん》の役《えき》は、ひとり古代奥羽《おうう》に転換をもたらす出来事であったばかりでなく、ひろく、日本古代史上に重要な転換をもたらした出来事の一つであった。

前九年の役といわれるが、実際は一二年間に及んでいる。これは、十世紀の前半、関東一円の大乱となって、以後、関東に慢性的な内乱状態をひき起こす将門《しょうもん》の乱と並んで、東日本における古代末期内乱の様相を決定的にした反乱の一つであった。

東北では、この反乱の後、この反乱をひき起こした安倍氏と同じ性格の族長である清原氏が、安倍氏の支配と領土をさらに広げながらうけ継いで、第二の反乱をひき起こす。後三年《ごさんねん》の役《えき》である。

それが平定されても、古代国家の勝利はおとずれなかった。安倍氏よりも清原氏よりも、さらにひろく、そのうえよく組織された地方政権が、古代末期の東北に一世紀にわたる北方王国の独立をなしとげるようになる。それが奥州《おうしゅう》藤原氏による平泉政権成立の意義である。

そして、この前九年・後三年の役および平泉政権の成立という、一世紀半にわたる歴史の推移のうちに、古代から中世への移行という重要な歴史の転換が、辺境から力強く推進されてゆくのである。

安倍・清原・藤原諸氏の族長権力そのものが、構造的に中世化をなしとげていたかどうかには問題があろう。しかし、それらもまた一つの武門権力として、中世の形成に参与した意義は高く評価しなければならない。

しかし、それよりもさらに注意しなければならないのは、これらの反乱を征討するという形で、東北の族長権力と対決しながら、源氏指揮下に東国武士団の大統一が進行したという事実である。

中世政権の成立ということを考える場合、東国における武士団の統一、そこにおける源氏の棟梁《とうりょう》支配ということを問題にしないわけにはいかないが、源氏のそのような体制をほぼ固めた頼義《よりよし》・義家《よしいえ》の東国支配権は、おもに前九・後三年両役を戦い抜く戦闘組織の形成過程で成立する。

東北辺境はそのように、否定的な形で、古代から中世への転換に主導的役割をはたすのである。

これだけのことがわかってきたところで、われわれは改めて、「東北とはこれまで何であったか」を、問題にしなければならない。そして、改めて、これまでの辺境古代史の知識からは、ほとんど予想さえもできなかった歴史が、そこに忽然《こつぜん》として開いてきているのにおどろくのである。

古代における東北辺境——それは蝦夷《えびす》の世界である。そこの人たちは、たしかに「一以て百に当たる」強力な人たちであった。そのために、蝦夷経営が、さんざんな目にあったことは事実である。けれども、かれらは本性上、烏合《うごう》の衆であった。未開・野性の人たちとして、政治的組織をもって戦うことはなかった。そのために、個別的に撃破され、分散的に支配されて、日本史上の少数民族として没落していった——われわれはそう理解してきたのである。

安倍氏は、歴史上、その蝦夷の後身たる俘囚《ふしゅう》の指導者である。かれの指揮下には、その俘囚たちが組織されていた。その新蝦夷たちが、蝦夷戦争が終わってからざっと二世紀も経っている時点で、俘囚の名のもと、一つの政治組織と政治領土とによって、中央と政治支配を争うようになっていたのである。とすれば、蝦夷の歴史は、その二〇〇年のなかに埋没してしまったのでなしに、ある意味では、蝦夷本来の時代以上に、その政治的成長を高めていたことになる。

安倍氏の台頭、前九年の役は、そのようにさまざまな意味で、日本史上、辺境の実験としての役割をになう出来事だったのである。

夷を以て夷を制す　陸奥国《むつ》でいえば、弘仁二年（八一一）の文室綿麻呂《ふんやのわたまろ》の征討が、蝦夷戦争の事実上の終わりであったから、十一世紀の半ば、安倍氏が反乱を起こすまで、ほとんど二世紀半になる。出羽国《でわ》では、元慶《がんぎょう》の乱（元慶二年〈八七八〉）がほぼ最後の大乱であるから、前九年の役まで、およそ一七〇年余りである。出羽では十世紀に入っても俘囚の騒ぎがくり返されていたが、それは反乱というほどのものではなかった。

とうに過去のものとなってしまっていなければならない蝦夷問題が、二世紀経っても過去のものとならないばかりか、かえってなまなましい事件として、問題を新しい形で再燃するようになっているのだが、その原因は何か。

蝦夷経営の歴史には、問題をそのように温存し持続させる内的理由があった。それは、坂上田村麻呂《さかのうえのたむらまろ》の征討のような特別な場合を除いて、蝦夷征討の歴史の主流が、武力征討になくて、教喩《きょうゆ》・順撫《じゅんぶ》により、その帰降を実現するという妥協政策にあったことである。徹底的に、かれらの社会や組織を破壊して、新しくこれを再編成するというようなことは、ほとんどしていないのである。

この当時の合いことばとして、「夷を以て夷を制する」というのが、征夷の上々策とされていた。まず、懐柔や恩恵によって、一部の蝦夷集団の投降を実現する。そうすると、彼らには、従来の生活様式と組織とをそのままに認めて、これを政府側の下部組織に編入する。そして、この帰降した蝦夷組織をもって、新しい蝦夷征討の主力とする。その結果蝦夷が降伏すると、また同じような扱いかたをする。それが「以《い》夷《い》制《せい》夷《い》（夷を以て夷を制す）」なのである。

だから、蝦夷征討によっては敵対勢力として外に立つ蝦夷勢力こそ破壊されたけれども、蝦夷自身の持つ生活様式や社会秩序は、基本的にはほとんど破壊されることなく、そのまま、政府側支配の底辺に温存された。「俘囚」と呼ばれる帰降蝦夷たちは、そのようにして、東北の現地においては、その本来の族長支配体制をほとんど解くことなく、そのまま集団として、律令制下の下部単位に再編成されていったのである。

このような蝦夷経営の実態こそは、内国に数十人・数百人の単位で移住せしめられた俘囚たちでも、かなりの騒乱の主体になりうる原因であった。東北の場合は、人口の主要部分が、そのような俘囚集団で成り立つ場所がしばしばあったのだから、内国で起こったような事件が、さらに大規模に、しかも長期にわたってくり返されたとしても、何も不思議でなかった。

それだけでない。律令支配下に組織された俘囚たち、特にその族長たちは、蝦夷として政府側に対抗していた時よりも、組織権力としては強化されるという、一見矛盾するような現象さえ見られたのであった。それはどういうことかというと、たとえば、有力な俘囚族長は、郡司《ぐんじ》とか村長とかいう形で、律令支配機構の末端に組織されて、公権支配の一部に参画するようになっていたことである。その地位は、蝦夷族長時代の権力よりもはるかに組織的で、かつ監督機構が少しでもゆるめば、一部国司権力にも喰い込むことのできるような性質のものであった。

宝亀《ほうき》十一年（七八〇）の上治《かみじ》郡大領伊治公呰麻呂《いじのきみあざまろ》の反乱は、そのようにして起こされた俘囚郡司の反乱が、国衙《こくが》支配そのものを覆えすことができるほどのものになってきていたことを立証する出来事であった。元慶の乱は、はっきりした蝦夷指導者の名こそ伝えていないが、これまた出羽国全体に破局的な混乱をまき起こした大事件であった。

しかも当局者は、このような反乱の鎮定にあたっても、できるだけ慰撫《いぶ》・教喩を旨とし、原状にもどることをもって事態の解決としたから、反乱の根源となる俘囚的組織そのものは、すこしも解体されることなく、名目上の鎮定の下におしもどされただけであった。

そうすれば、古代権力が後退するのに逆比例して、この下におし下げられた権力が組織的に拡大されるにいたるのは、むしろ理の当然であったと言えるわけである。

俘囚長の系譜　安倍氏の権力の基礎をなしたものは「俘囚長」としての地位である。『陸奥話記《むつわき》』によれば、その俘囚長の地位は、頼良《よりよし》つまり頼時《よりとき》の祖父忠頼《ただより》以来の地位だったといわれる。もっとも、そこには「東夷の酋長」とあるのであるが、それはいわゆる俘囚長のことを指している。また頼時は、その「諸部の俘囚」をひきいて戦ったとあるから、前九年の役は、まさしく俘囚の反乱であったのである。もっとも、いくら俘囚の反乱といっても、もう蝦夷とか俘囚とかいうことが、名目だけのことで、単なる侮蔑以上のものを意味しなくなっている当時として、これを蝦夷の昔に結んで理解するのは見当違いでないかとあやぶむ考えもあろう。しかし、俘囚長というものの由来を知れば、そういうものでないことがわかってくるのである。

弘仁三年（八一二）、政府は次のような指令を出した。

諸国の夷俘《いふ》等、朝制に遵《したが》はず、多く法禁を犯す。彼の野性化し難しと雖も、抑《そもそ》も此れ教喩の未だ明かならざるなり。宜しく其の同類の中、心性事に了《あき》らかに、衆の推服する所の者一人を択び、置きて之が長と為し、捉搦《そくでき》を加へしむべし。

夷を以て夷を制する高等政策から、政府は、帰降した蝦夷の管理統制機関として俘囚長を俘囚の中から選任した。俘囚が推服する有能者というのは、つまり族長級の旧支配者にほかならないのだから、これは結局、旧族長の威望をもって、俘囚集団の再結集を行なうことにならざるをえなかった。

禍根はここにあった。それは両刃《もろは》の剣となるからであった。政府は、翌弘仁四年には、諸国の次席国司たる介《すけ》以上一人を、夷俘専当国司とし、俘囚長を通して、彼らの統治にあたらせた。もしその国司統治権が強力に下に貫徹するならば、俘囚長による俘囚集団の結集は、たしかに政府支配を強化する機構上の基礎ともなりえたであろう。しかしもし、その専当国司権が名目化してしまうならば、俘囚長権力は、俘囚支配を基礎に独立し、国衙の名において、その支配を合法的に主張することもできるようになるであろう。

平安中期以降の国司制度は、実際、そのような俘囚長権力の公権的独立を促す方向をとるようになったのである。国司の遥任化《ようにんか》が始まり、留守所《るすどころ》の政治は事務化して、高度な政治性を失ってしまったからである。ただ、一般内国では、俘囚の数が少なかったので、俘囚は大きな勢力に成長することなく、内民の中に同化・吸収される方向をとったから、問題はなかったが、奥羽では、そうはいかなかった。

そこでは、俘囚がその本来の組織を維持し拡大して、村も俘囚村、郡も俘囚郡、という形をとるところが随所にあった。いや、郡をいくつも連ねて、俘囚の自治領を形成するようになっているところもあった。そういうところで、国司が遥任となり、国衙支配が名目化してくれば、俘囚自治領が、積極的な政治領土としての独立を主張するようになるのは、なんら異とすべきことでないのである。

鎮守府胆沢《いさわ》城下の俘囚自治区が、まさにそれであった。出羽雄勝《でわおかち》城下山北《せんぼく》地区の俘囚自治区が、それであった。これらの地区の俘囚の動きは、新しく十一世紀になって、その要因を形成したというようなものではない。もとづくところは古代の蝦夷経営の中にある。ただ、十一世紀という時期が、発展した事態のおおいを取り去ったにすぎない。

そのことは、次の検討で、さらに明瞭になろう。

奥六郡　同じ『陸奥話記』には、「六箇郡の司に安倍頼良という者あり」とあって、安倍頼良＝頼時は「六箇郡」を支配していたことがわかる。

ところで「六箇郡」という言いかたからは、任意の六郡という印象をうけ、ただ六つの郡という数が示されているような感じになるかもしれないが、実はそうでない。これは、あるまとまった集合体としての六郡を示し、しかも当時、固有の歴史的な名称として行なわれていたものである。

前九年の役を平定した源頼義の奏状（『本朝続文粋《ほんちょうぞくもんずい》』六）にも「奥州の中、東夷蜂起、（中略）数十年の間、六箇郡の中、国務に従わず」と、安倍氏の支配について説明している。つまり、安倍氏の反乱は、蝦夷以来の伝統をうけたもので、その固有の支配地域は「六箇郡」と呼ばれる区域であることを、指摘しているのである。

その固有の区域としての「六箇郡」は「奥六郡」と呼ばれた。『奥州後三年記《おうしゅうごさんねんき》』には、安倍氏を承けた清原氏の支配について、次のように書かれている。

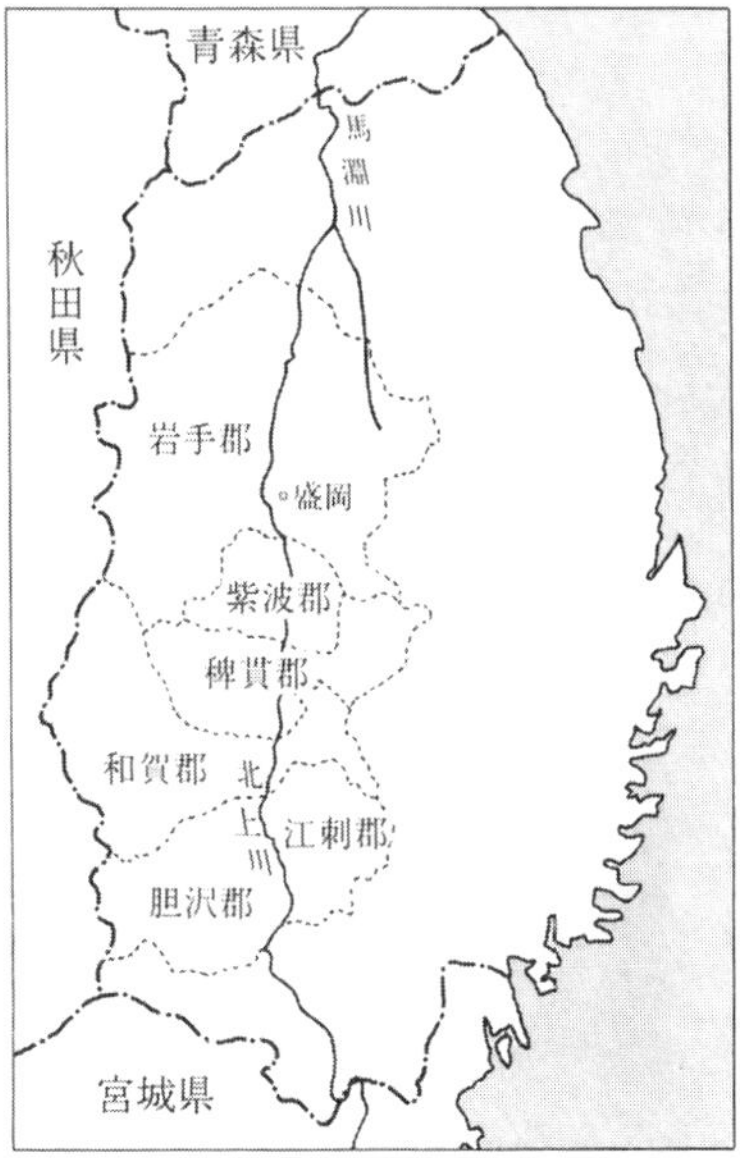

奥六郡図

永保のころ、奥六郡がうちに、清原真衡《さねひら》といふものあり。（中略）それよりさきには貞任・宗任が先祖六郡の主にてはありけるなり。

「六箇郡」が「奥六郡」と呼びかえられていることがわかる。そしてただ「六郡」といっても、けっして任意の六郡などを指すのではないことが、はっきりしているのである。すなわち「六箇郡」＝「奥六郡」は、安倍氏の領土として、固有の呼称なのであった。

それなら「奥六郡」というのはどこどこか。やや後世になるが、『吾妻鏡《あずまかがみ》』文治五年（一一八九）九月二十三日条に、それが示されている。これは、平泉藤原氏滅亡後、安倍氏―清原氏―藤原氏と次第した権力の由来を述べたものである。

清衡、継父武貞（荒河太郎と号す、鎮守府将軍武則の子）卒去の後、奥六郡（伊沢・和賀・江刺・稗抜・志和・岩井）を伝領す。

奥六郡というのは、伊沢《いさわ》・和賀《わが》・江刺《えさし》・稗抜《ひえぬき》・志和《しわ》・岩井《いわい》の六郡であることがわかる。しかも、これは、安倍氏―清原氏―藤原氏と承けたものだから、藤原氏の時代にそう固定したというようなものではない。安倍氏以来、そう決まっていて、地元では自明だったものが、無案内な征服者、頼朝に説明するために、こと新しく問題になったまでのことである。

さて、この『吾妻鏡』の記事のうちには誤りがある。おしまいの「岩井」というのは「岩手《いわて》」とあるべきところである。岩井なら、伊沢の南だから、いちばん初めに来るべきで、この順序だと、南から北へ数えているから、最後は岩手でなければならぬ。現に前九年の役では、安倍貞任《あべのさだとう》が北へ北へと逃れて岩手郡の基地厨川柵《くりやがわのさく》で滅んでいることからも、それは明らかである。『吾妻鏡』でも北条本が「岩井」で、吉《きっ》川《かわ》本は「岩手」である。ここは吉川本が正しい。

そこで六郡の呼称および順序は、現在では、胆沢・江刺・和賀・稗貫・紫波・岩手となる。

それなら、この六郡はどういう由来を持っていたか。安倍氏から清原氏へ、そして藤原氏へ。奥羽の支配者は、どれもこれも、ここを本領としている。これには、何か深いいわれがなければならぬ。

俘囚の国　胆沢から岩手までの六郡は、北上川の中流に峡谷平野を形成する地帯である。現在でも、岩手県でもっとも肥沃な地域をすべて網羅している。古代の北方地域としては、開拓の北限に位置した地域として、「奥六郡」と名づけられたものである。

北上川の北上《きたかみ》は日高見《ひたかみ》の音写であろう。日高見は、古来、もっとも強力な蝦夷の蟠踞する地帯として知られてきた。蝦夷国というのは、せまくこの日高見国をさすというふうにさえ考えられていたのである。北上川は宮城県に入ると、氾濫して川というよりは湖沼中の水路のようになる。したがって日高見国というのも、その北上川が大河としての本来の流れを流れていたこの岩手中流地区中心の汎称だったと思われる。

奥六郡は、その日高見国が、国家の支配下に入るようになってからの呼称である。それは、「蝦夷の国」が「俘囚の国」に改まっての名前だと言ってもよい。「奥」というところに、郡制はしいても、やはりまだ政治の外に立つという名残りをとどめているのである。

この地帯を、「蝦夷の国」「俘囚の国」と呼ぶのは、漫然たる推定からではない。ここは、胆沢城が築かれ鎮守府が置かれたところであるが、そうなったについては、ここが蝦夷の抵抗の根拠地であったという歴史の背景がある。八世紀末から九世紀初めにかけて、阿弖流為《あてるい》という胆沢の大族長のもとに組織された蝦夷の抵抗は、蝦夷経営史上かつてない強大なものであった。その支配は胆沢・江刺地区を中心に、和賀や紫波方面まで組織していた。胆沢城は、その地区一帯の支配を、ここに集中して「鎮守の固め」としたのである。

だから、胆沢城に結ばれたこれら六郡の地は、古い阿弖流為の抵抗の故地として、蝦夷の国の伝統を残していたのである。

『延喜式《えんぎしき》』によると、陸奥国の内郡の北限は胆沢・江刺にある。その北、和賀・稗貫・紫波には、弘仁二年（八一一）の建郡が伝えられているにもかかわらず、内郡として扱われていない。胆沢・江刺が内郡扱いになったのは、鎮守府が置かれたためである。つまり蝦夷統治府の城下として内郡に数えられた。それに対して、その以北は、蝦夷の定住地として、建郡しても蝦夷郡に準じて扱って、正規のものとみなさなかった。すなわち、この地帯は、蝦夷統治のための特別地帯である。内外郡の接壌地帯として、特別扱いされたのである。

それにしても、蝦夷統治の府のある胆沢まで含めて、俘囚長の領地となるのは聞こえぬはなしである。その理由は何か。

諸国では、介以上の国司が蝦夷専当であった。陸奥国では、鎮守府が蝦夷経営の軍政府であり、将軍は多く守もしくは介が兼ねた。つまり、鎮守府将軍が蝦夷専当であった。胆沢城下の六郡は、その鎮守府に組織された俘囚の自治区であって、俘囚長の直接指揮下にあった。将軍が遥任になり、その支配が名目化すると、俘囚長が、鎮守府機構内の俘囚最高事務代行となる。鎮守府は俘囚行政府なのだから、俘囚行政の責任者は、つまり鎮守府管内の最高公権の執行者となる。

奥六郡の俘囚長は、そんな要因のいくつもの積み重ねの上に、胆沢城をも含む俘囚地区を、その領土のように支配するにいたったのである。

六郡の司　俘囚とか俘囚の長とかいうと、すぐ、蝦夷としての、つまり異族としての暴力を思い浮かべる。もちろん、それは根底にある。しかしながら、前九年の役を戦う安倍氏と、そのもとに組織された勢力とは、もはや単純な「法外の民」であったのではない。

かれらは、政治的組織のもとに、すでに一つの政治的存在になっていた。それは、彼らが、律令公権と接触し、その組織政治の一環に編みこまれて、政治的関係に入り込んでいたからである。それが、前代の蝦夷と違うところである。

しかし、彼らは、そのように古代政治の中に組織されることによって、蝦夷人としての結合や組織を解いてしまったのではない。かれら本来の結合や組織はそのまま温存されて、その作用のしかた、働きかたが、律令的に訓練されたのであるから、彼らの公権との接触は、蝦夷社会の政治への成長を促したと言えるだろう。

「六箇郡の司」という安倍氏の首長の地位が、そのことをよく物語っている。

郡司というのは、一郡一郡に置かれるので、数郡を兼ねる郡司というものはない。だから、「六箇郡の司」というのは、正規のものではなかった。事実、和賀以北の四郡は、内郡とされていないのだから、制度上の郡司が任命されていたとは思われない。だが、まさにそのことのゆえに、そこにはいくつもの郡司を兼ねるというような総郡司制のようなものもありえたのであった。そして、正規のものではなかったにもかかわらず、郡という制度の、郡司という支配に型どって、その支配の形式を定めているところに、その古代とのふれあいの重要な意味があった。

中央の政治や組織と、同じ構造をもつ権力に成長しながら、地域的独立を伝統に即して許されている族長支配——奥六郡郡司権というのは、古代史上にそういう新型の権力類型をつくりだしていたのである。

それよりもさらに注目されるのは、奥六郡という、北方にまとまった領土の広大さである。古代では二郡でもって国を建てることができた。六郡もまとまれば、りっぱに一国相当の規模をもつ。そこに、北方の蝦夷の伝統をになう人たちが、鎮守府胆沢城を擁して自立するということになれば、それは北方に部族国家の独立を主張するような結果にもなるであろう。

それは、政治的にも「俘囚の国家」の試みを意味したと言わねばならないのである。

まったく同じようなことは、出羽山北の俘囚主清原氏についても言える。山北は出羽国の雄勝・平鹿・山本の三郡を言い、現今の秋田県湯沢・横手・大曲《おおまがり》方面にあたる。ここには古代、秋田城と並ぶ大城柵雄勝城があって、北羽統治の一拠点をなしていた。清原氏もまた安倍氏と同じように、その雄勝城下に組織された山北俘囚集団の長に選任されて、雄勝城鎮守国司のもとに仕えていたと思われるが、国政の衰退とともに、山北を俘囚領国化して、独立するようになっていたのである。前九年の役に、源頼義の懇請により、清原光頼・武則兄弟が、安倍追討軍に参加した時、その手兵は一万余人あったと伝えられている。これが戦闘の大勢を決したのである。安倍氏の奥六郡に拮抗《きっこう》する大支配が、山北三郡に、まったく同じ事情のもとに、同じ形で成立していたことがわかるのである。

ようやく衣川の外へ　安倍氏が奥六郡の司として、中奥に支配権を確立したのは、その祖父忠頼のころからだったらしい。『陸奥話記』は、忠頼のことを「東夷の酋長」と言い、威風大いに振るい、村落皆服す。六郡に横行し、人民を劫略す。子孫尤も滋蔓す。

と書いているから、忠頼のころが、奥六郡の司としての権威が確立した時期と考えてよい。源頼義の奏状によれば、頼時の反乱まで、安倍氏は「数十年の間」国務に従わなかったと言うから、そのような独立体制の成立は、まず十一世紀の初めごろにあったと言えよう。

さて、『陸奥話記』や頼義奏状などによれば、その六郡横行・人民劫略《きょうりゃく》の驕奢《きょうしゃ》が、「皇威を忘るる暴悪」として追討されたようにも見えるが、よく注意してそれを読むと、そういうことではないことがわかる。というのは、源頼義が鎮守府将軍として府務を見に鎮守府に下向した時、頼時がよくこれに仕えると、頼義も、それで、ことが済んだとしたように書かれているからである。六郡支配権そのものの没収とか交代とかいうようなことは、まったく問題になっていないのである。普通、これはたまたま大赦令があって、彼が許されたからだと考えている。もしそうだとすると、六郡そのものを、総郡司のように支配するのは、合法行為として、その前から承認されていたことだということにもなる。そこでの賦貢や徭役徴収は、はじめから合法行為なのであって、問題は、それが法外賦課や不当徴発になるところにだけあったということになる。

そうしてみると、前九年の役の近因としては、「ようやく衣川の外に出《い》ず」という点が注目されなければならない。

衣川は、中尊寺の山下を流れ、北上川に注ぐ川である。ここで岩井郡と胆沢郡とが境いされている。すなわち、奥六郡という安倍の領土と、内郡としての政府側直轄の領土とは、ちょうどこのところで南北に分かれる。衣川までは安倍氏の領土だ、そこから北では、横行も驕奢も、大目に見られる、しかしそこから南へ、衣川を越えることは許されない、しかるに、その衣川さえ突破されて、安倍の勢力は、内国にまであふれ出してきた、それは許されない――そういう認識が「ようやく衣川の外に出ず」という文章を書かせている。衣川越境が安倍と政府軍との衝突を惹起《じやつき》したのだという解釈になっているのである。

このことは、さまざまな意味で重要なことを物語っている。東北の場合、俘囚長には、六郡にもおよぶ広大な地域が、その固有の領土として許されるような事態が成立している。それは、蝦夷の世界に成立した初めての政治的領土である。この衣川により、東北＝陸奥国は、俘囚領土と政府領土という、異質な政治意志の対抗し合う二つの東北＝陸奥に分けられることになっていたのである。この対立は、古代における蝦夷対政府という対立を、さらに尖鋭に再編成する意味合いのものであった。それだけに、その北の俘囚勢力が、衣川の国境を越えて南下するということは、ひとり東北＝陸奥国における危機であったばかりでなく、古代政府そのものにとっての国家的危機をも意味したのであった。

これまでも北方は、暴力的にはしばしば脅威の源となった。しかし、今ここで中央が感じているのは、北の政治の脅威である。歴史のまったく新しい再編成を迫る辺境の圧力――そういった北からの歴史の大きな足音として、この反乱の政治的意義は、評価されねばならない。

北国の成長　安倍氏の支配とその領土とは、拡大されて清原氏に継承される。平泉藤原氏は、それをさらに組織化して、一つの堂々たる北方政権をつくりあげる。清原氏は第二の安倍氏であり、藤原氏は第三の安倍氏である。その点で、安倍氏は、ひとり清原・藤原両氏を先駆したばかりでなく、清原・藤原に姿を変えて、東北の政治的独立という課題を達成したとも言えるのである。

安倍氏の一人の娘が、藤原清衡の母となり、さらに清原に再嫁して、安倍・清原・藤原三氏を、一人の人間遍歴を通して一つの環に結びつけたのであったが、そのことに象徴されるように、清原も藤原も、いわば安倍の申し子であった。清原武則が鎮守府将軍となり、藤原秀衡の場合は鎮守府将軍・陸奥守になってさえも、かれらの固有の領土は奥六郡であり、その権原は俘囚長たるところにある、安倍の系譜につらなって、支配の座は安定すると考えられていたのであった。

安倍氏は、蝦夷に原始世界から歴史世界への道を大きく開いた。奥六郡の政治領土は、俘囚世界の最初の国家、その意味で俘囚の古代国家であったと言ってよい。郡制を基礎に、俘囚長という令制の現地機構によって組織されたこの権力は、古代国家の組織を辺境的に切り取って独立させたものと言ってよいであろう。

けれども、領内が諸子や一族によって分割統治されて、安倍の中央首長に結集しているのは、原始封建国家の分封支配の一形式に相当するものだろうと思う。

だが問題は、そのように原始的・古代的形式を借り用いつつ、安倍のこの政治組織が、十一世紀半ばという歴史の時点においては、源氏や平氏の武力組織に対抗する、もう一つの武力組織の役割をはたしていたというところにある。その分封組織は、当時の武士団が一般に持っていた血縁的な結合形式、たとえば党とか惣領制とか言われたりするものに代表される血縁中心の結合形式という性格も重ね持たされていたのである。

これは、なにも不思議なことではない。一般に封建的なものは、古代的な法の形式擬制のもとに凍結されてしまった前代の固有法的関係が、古代に対抗しながら新たに再編成される形で成立する。ローマの古代に代わるゲルマンの中世は、そういう意味の新体制としての封建制であった。ゲフォルクシャフトと呼ばれる封建従者制の原型は、原始ゲルマンの従者制にあったことを想起する必要があろう。

日本でも、東国が中世武士の発祥地になったのは、蝦夷と戦い、防人《さきもり》として王事につとめ、「額《ひたい》に箭《や》は立つとも、背《そびら》は箭立たじ」とうたわれた古代東人《あずまびと》の伝統にもとづく、と言われたりする。武士の成立それ自身に、原始的古代の再編成という面があったのである。してみれば、辺境の安倍氏の権力組織が、原始古代的なものの再編というような形をとりながら、中世封建的な武士団結合の一様式をも先駆していると言っても、辺境の歴史の発展のしかたから考えて、そうおかしいことではないのである。

清原氏や藤原氏が、鎮守府将軍や陸奥守となって、東北全体の支配者にのし上がってゆくのは、平氏や源氏の棟梁が太政大臣や征夷大将軍として、あるいは知行国主として、その武門支配を完成するその地方版と考えてよかろう。そして、鎮守府将軍になり陸奥守になっても、その支配の原型は、依然として「奥六郡の俘囚長」にある、というこの規定性は、あたかも、源氏の全国支配の基礎が、あくまで東国の御家人首長としての「鎌倉殿」の権威に置かれていたというのに、対比することができよう。

安倍氏から清原氏へ、さらに藤原氏へと発展する辺境の族長制の展開をたどることによって、われわれは、日本史にまったく埋もれていた、もう一つの歴史についての発展の型をも問題にすることができるように思うのである。

（原題「奥六郡の司」、『古代の日本』第八巻（東北）〈一九七〇年十月〉角川書店刊より収録）

2　藤原三代と平泉

京都と鎌倉の間

京都は天皇の都、公家の町である。四〇〇年にわたって古代の栄華が続いた。鎌倉は武家の都、中世の町である。七〇〇年にわたる武家政治のもといがここに定められる。

日本史上、もっとも大きな転換の一つは、この京都から鎌倉への移行にあった。古代から中世へ、公家から武家へ、そして中央から地方へと歴史は大きくゆれ動いていった。

それなら、そのように大きな歴史の転換を仲立ちした人はだれだろうか。ごく普通には平清盛《たいらのきよもり》、平氏政権が考えられよう。公家に代わる武家。たしかにその意味では平氏は時代の転換をなしとげるもののうちにはある。しかし、平氏はけっきょく、京都貴族に舞いもどる。平氏は「花族《かしょく》も英雄も面《おもて》をむかへ肩をならぶる人なし」といわれた、第二・第三の貴族である。だとすれば、これに決定的な転換の意味を見いだすのは無理といわなければならぬ。

それなら、ほかにどういう人がいるか。源義家《みなもとのよしいえ》。これも巨大な武門である。「武威天下に満つ」「天下第一武勇の士」。彼はそのようにたたえられた。そして承徳二年（一〇九八）、正四位下に叙し、院の昇殿をはたす。にもかかわらず、その昇殿に「世人甘心《かんしん》せず」（納得しない）とある。そのようなことであれば、とてもこの「天下第一武勇の士」をもって、「天下第一政治の人」とみなすことはできないであろう。

中世を開く武門の伝統は十世紀半ばの将門《しょうもん》の乱の立役者、平将門《まさかど》までさかのぼるであろう。「東の天皇」たることを目ざした将門は自分を「新皇」と称し、朝廷を起こし文武百官を任命したともいわれている。しかしこれは泡沫歴史《バッブル・ヒストリ》に終わる。将門自身もその新しい東国武門の独立を政治的に組織するところまできていなかった。

古代から中世へ、公家から武家へ、中央から地方へ——そういった主題を実際に具体化し組織化した「古代と中世の間の歴史」として、それなら別にどんな例をあげることができるだろうか。

わたくしは、京都に代わる地方の都第一号としては平泉をあげるべきだと思っている。鎌倉はこの平泉が先駆した「地方の都」の主題を継承、固定化して、新しい「中世の都」に定着したもの、と言うことができる。それは鎌倉に先んずること、実に八〇年。平氏政権よりも六〇年も早い時期のことである。

清盛や頼朝の政権に対して、平泉藤原氏はまったく比較にならない地方勢力のように考えられている。平泉が京都に対してはもとより鎌倉に対しても、地理的にさらに地方的＝辺境的であったことは事実である。しかしそのことは、平泉や藤原氏が、六波羅や鎌倉、平氏や源氏に対して、いつも二義的意義しか持たなかったことを意味しない。逆に、それらよりも時代の先駆者としてはより大きい意義を有することを、わたくしは指摘しておきたいのである。

まず、歴史的＝構造的に、平泉はいったい鎌倉より地方的であったろうか。文治五年（一一八九）、藤原氏を滅ぼして平泉に入城した鎌倉勢は「高屋・宝蔵が火にあって三代の栄耀《えいよう》を失い、麗金・昆玉の貯えも一瞬のうちに灰となってしまった」現実を目のあたりにした。幕府側の記録はこのことについて「倹は存し、奢は失う、誠に以て慎むべき者かな」と書きしるしている。これは鎌倉にとって平泉が「奢《おごり》」つまり「文化」その意味での「先進」であり、これとの関係で鎌倉は「倹」つまり「自然」その意味での「後進」であったことを物語る。事実、頼朝は「皆金色《かいこんじき》」の平泉文化に驚歎し、これにあやかって鎌倉にも文化を起こそうとしているのである。鎌倉の永福寺《ようふくじ》は平泉中尊寺の大長寿院《だいちょうじゅいん》（二階大堂）の見事な結構に学んだものであった。

とすれば、歴史的には平泉こそ文化であり先進であり、その意味で中央的であった。これは逆に平泉が鎌倉に対して古代的・貴族的であったことでもあるから、その意味で歴史を前向きに中世へと進めてゆくうえで鎌倉よりすぐれていたことにはならない。けれども、平泉がすべての点で鎌倉よりおとっていた、地方的であったことを意味するのでないことだけは明らかにしておかなければならない。

とくに中世が確立するためには、地方に政治がその足で立つ、ということが必要である。藤原氏は地方にはじめて政権と呼ばれうるような広大な地域にわたる政治支配を実現している。その東北全域にわたる事実上の支配は平氏が名目的に掌握した全国支配にはおよばないにしても、コンパクトで緻密な点ではかえって中世的な固有領土に近いまとまりを持つ。そして、東国行政権としての地方領主制を固有の核としていた鎌倉幕府に近いものである。わたくしは、藤原氏が東北単位につくりあげた地方政権を、東日本全体の政権に仕立てあげ、全国的な中世政権にまで発展させたのが鎌倉幕府だったと思っている。

源氏に先行する武門としての平氏に対しても、藤原氏はその先輩氏族としての意義を持っている。鎌倉の「倹」に対して平泉はその「奢」のゆえに滅びたというのは、その少し前に、平氏がその「奢」のゆえに西海に滅んだのと、まったく軌を一にしている、ということができるであろう。その意味で、平泉はみちのくの京都であったと言えるし、藤原氏は奥州の平家であったと言ってよいのである。そして、そのことがまた、平泉に対する鎌倉の関係を、平家に対する鎌倉のそれと同じように相容れないものにした。

頼朝の征夷大将軍というのは、これまで清盛の太政大臣に代わるものと考えられてきた。しかし、これはより多く平泉の鎮守府将軍に代わるものであったと思われるのである。

こうして、平泉一〇〇年は、一方には六〇年先に都の平家を地方に先駆し、また八〇年先に鎌倉の源氏を東北に先駆したことになる。そしてまた、そこに古代から中世への間にあって、その移行を媒介する「古代＝中世的性格」としての平泉の歴史的意義があるのである。

藤原科学史

平泉藤原氏の独自の歴史的意義としてその次に数えられるのは、昭和二十五年に行なわれた藤原三代の遺体調査の成果である。

日本には、屍体がたまたまミイラとなって残ったというものはある。また出羽三山湯殿行者《ゆどのぎょうじゃ》らの即身《そくしん》仏《ぶつ》のように、その死への行によって尊いミイラとなっている例もある。しかし平泉藤原氏のように、史上の名門氏族が三代も四代も死後ミイラとして保存されているような例は他にない。八〇〇年も前の歴史なのに今すぐそこに立っているようにわれわれに近い存在であること――そこにこの氏族のふしぎに新鮮な魅惑がある。

しかし、このミイラの特徴は、三代ないし四代が、現に生ける遺体としてそこにある、という、ただその事実性にだけあるのではない。昭和二十五年の遺体調査は自然科学のメスをこの八〇〇年の歴史に入れた。そして、中尊寺を建てた清衡とか、義経をかくまって頼朝と相対峙した秀衡とかいうようなクラシックな歴史的性格とはまったく異なる藤原氏、科学的存在としての藤原氏、という問題を系統的に解き明かすことになったのである。

それは、日本史上、他のどのような英雄にも、また名門氏族にも期待しえない事実を引き出したのである。たとえば以下のごとくである。

清衡・秀衡の身長は一六〇センチ前後、基衡はこれより数センチ大きい。ピァソン式という算出方法によれば清衡一五九センチ、基衡一六五センチ、秀衡一五八センチとなる。これはその四肢の長さから算出したものである。その頭骨の最大長と最大幅との間のいわゆる長幅指数は、清衡八〇・〇、基衡八一・三、秀衡七七・九、泰衡七九・〇。短頭またはこれに近い中頭型である。

四代の血液型は、清衡AB型、基衡A型、秀衡AB型、泰衡B型である。レントゲン写真によれば、清衡の骨はもっとも老齢化がすすみ、七十歳以上、その死因は脳溢血のようなものだったと考えられる。基衡の外後頭部はややくちばし状に隆起している。常時の具足の使用、はげしい武芸の練磨などに関係があろう。三衡中もっとも若く五十〜六十歳ぐらいであろう。秀衡には骨髄炎性脊椎炎の像がレントゲン写真に見られ、生前脊椎硬直のために脊椎は曲らなかったと思われ、晩年は臥床せずに過ごしたかもしれない。その死亡年齢は七十歳前後と考えられる。

これまで三代秀衡の三男三郎忠衡の首、と伝えられてきたものは、おそらく四代泰衡の首である。顔一面に切創があり、前額部から後頭部に貫く鉄釘の穴あとがある。これは、兄泰衡に攻められて敗死した忠衡ではなく蝦夷島《えぞがしま》に落ちのびようとして北走中、肥内《ひない》郡贄柵《にえのさく》（秋田県大館市）で家臣河田次郎に殺され、志和《しわ》郡蜂杜陣岡《はちもりじんがおか》（岩手県紫波郡紫波町）に送られてはりつけの刑に処せられた泰衡の首であろう。

昭和二十五年の遺体調査報告『中尊寺と藤原四代』はそのようなことを、なまなましく報じている。まるで、今そこで死亡した人について、その遺体を解剖調査した結果報告のように、正確無比に科学的である。東北の古代史は、すべてが謎につつまれている。資料が極度にとぼしい。そのためにここには歴史の学問が本格的には成立しないとされてきた。事実また一般にそうでもあったのである。

しかるにどうだろう。藤原氏は、その四代にわたるその遺体を地上に残すことによって、どのような地域の、どのように豊富な資料をもってしても復原しえない正確かつ科学的な歴史の資料を提供することになったのである。文字資料が極端に少ないこの辺境氏族の一般的空白の中で、これはまた何と対照的に正確な科学的ゆたかさであろうか。このように極端な空白と極端なゆたかさ、正確さの対照が、平泉の歴史の番外の魅力の根源なのである。

さて、このミイラという人間記録によって、日本史は永年の謎に一つの終止符を打った。それは、平泉藤原氏は人類学上のアイヌではなく、日本人以外の何ものでもないことがはっきりしたことである。

これまで、安倍氏・清原氏と並んで藤原氏は、蝦夷の種族であり、そのゆえにアイヌだろうと考えられてきたのである。清衡は「東夷の遠酋《えんしゅう》」「俘囚《ふしゅう》の上頭《じょうとう》」と自称しているし、基衡は「匈奴《きょうど》」「奥のえびす」などと呼ばれている。秀衡も「奥州の戎狄《じゅうてき》」と称されている。これらは藤原氏が史上のいわゆる蝦夷であることを証明するものである。だとすれば、この氏族はアイヌ種族であったのではなかったか。

長いこと、一般の人たちはもとより、学者たちも多くそう信じてきたのである。

しかし、遺体調査の結果は、ほとんどそのアイヌ説をあとかたなく打ち消してしまった。さきにあげた藤原氏の形質人類学的特徴は、ほぼそのままそのための挙証になるものである。アイヌは身長が一六〇センチを下まわる。藤原氏はすべて一六〇センチぐらいかそれよりかなり高い。頭型は短頭かこれに近い中頭型であるが、アイヌは中頭かこれに近い長頭型である。その他いくつもの例証によって、人類学的調査は、藤原氏が日本人以外の何ものでもなく、アイヌとすべき形質的特徴は認めがたいことを明らかにされたのであった。

もっとも、これは藤原氏がアイヌでないことを明らかにしたまでである。藤原氏が蝦夷でないことまで証明したものではない。総じて蝦夷はアイヌであるなしにかかわる観念でない。このことについては、一般人はもとより学界にさえ誤解があったと思われるので、ひとことふれておきたい。

いったい、古代史上の蝦夷というのは、あらぶる人たち・まつろわぬ者たちという意味のもので、王化にまだよく浴さない辺民たち、とくに東国・東北の方民たちを指したことばである。すなわち、これは政治的・文化的概念である。日本人であるかアイヌであるかというような人種の別を扱う種族概念ではないのである。後世、蝦夷のなかでも、はっきりアイヌ種族をさしたと思われる奥蝦夷がエゾと呼ばれ、蝦夷が主としてこのエゾ種族を指すことばとして使用されるようになって、蝦夷と書けばいつもアイヌのことと思うようになり、さかのぼって古代のエミシたる蝦夷もそうであると考えるようになってしまったが、これは誤りである。

藤原氏は、この伝統的エミシ観念に従って蝦夷と呼ばれた。したがって、それは、日本人であるとかアイヌであるとかいうような人種の別には何らかかわりのない方民観念であった。事実、彼らが人種的には疑いもなく日本人であろうということになったことで、逆に古代蝦夷観念が人種の別にかかわるものでないことも、間接に証明されたことになる。

要するに、藤原氏がアイヌでないことがわかっても、藤原氏が歴史上の蝦夷であることには変りがない。またそれによって、蝦夷がアイヌでないことが証明されたことにもならない。昭和二十五年の遺体調査結果のうけとりかたがかなり誤解されているように思うので、念のためひとことふれておいた。事実としても藤原氏は、おそらく下野の大豪族、秀郷流の藤原氏出と考えられる。秀郷流の藤原氏出である歌人西行が藤原秀衡をその一族と呼んでいることは正しいだろう。清衡の父経清がおそらく国司の一員（権守もしくは介）として奥州に下向し、そのまま土着し、安倍氏の婿《むこ》となり土豪化していったのである。

このところで、血液型について、興味ある一つの推理が可能である。清衡はＡＢ型だという。そうすれば、父経清と母安倍氏の血液型は、一方がA型ないしAB型、他方がB型ないしAB型でなければならなくなる。秀衡もAB型だから、その父母は清衡の父母の場合と同じようにならなければならない。

経清の妻は安倍頼時の女《むすめ》、基衡の妻はその頼時の子宗任の女。どちらも安倍氏である。安倍氏は純粋の俘囚長の家柄で、これはかなり奥蝦夷的＝アイヌ的だったと考えられている。ところでアイヌは典型的なB型民族である。そのようなことから、清衡の母および秀衡の母はともにB型であったのでないかと思われ、したがって安倍氏はB型氏族、ひょっとしてアイヌ型でなかったかとも思われるが、藤原氏の形質からはそうとも決められない。

しかしともあれ、このような科学的推理をその中に持ちこむことのできるような歴史は他にまったく類例を見ない。そこに平泉の歴史のまったく独自の意義があるのである。

北方王者の歴史

蝦夷の世界――それは政治以前の風土である。その政治不毛の風土から生い出て、広い東北一円に統一政治の組織をつくり出し、地方政権・地方国家成立の条件をつくりあげたこと。これが、日本古代史上、平泉藤原氏のもつ政治史的意義である。体を備えた中世国家のはじめてのひな型――そう言ってもよいのである。

いったい、古代の東北では、蝦夷が孤立分散的な首長制で個別に反抗しているうちに、古代国家の集権支配に各個撃破されて敗れ去っていった。

彼らは、いったん、俘囚《ふしゅう》（降伏蝦夷）として統一支配の底辺に組織されながら、その首長たる俘囚長とか郡司とかいうような指導者のもとに、徐々にその半独立的な政治組織を再建し始めていた。安倍氏は、奥六郡の俘囚長という形で、蝦夷の伝統的な首長制を大きく北に独立させた氏族であった。奥六郡というのは、胆沢《いさわ》・江刺《えさし》・和賀《わが》・稗貫《ひえぬき》・紫波《しわ》・岩手の六郡。北上川中流の肥沃な峡谷平野を形成し、鎮守府胆沢城下に組織されていた広大な旧蝦夷世界である。

藤原氏の初代清衡の父経清は、この奥六郡の俘囚長で「奥六郡の司」を自称していた安倍頼時の婿であった。そして前九年の役には安倍氏のもっとも有力な部将の一人として抵抗し、敗死した。

清衡は父の死後、母が再嫁した清原氏の家に育った。清原氏もまた安倍氏と同じように出羽国山北《せんぼく》（秋田県雄勝《おかち》・平鹿《ひらか》・仙北郡地方）の俘囚長であった。前九年の役に源頼義に加勢して安倍氏を滅ぼす主戦闘力となった。戦功により清原武則は鎮守府将軍に任ぜられ、安倍氏の旧領奥六郡も伝領した。その領土は長子武貞に伝えられ、やがて孫真衡に渡った。清衡はその異父同母兄弟の家衡とともに、この義兄で清原の当主となった真衡と支配を争い、真衡の死後は、弟家衡および叔父武衡らと、清原の統一支配権を争う。陸奥守として下向した源義家は、清衡を助けて清原氏を攻め滅した。後三年の役という。

しかし、朝廷は義家の開戦をもって、源氏の私戦とみなした。これに恩賞を与えなかったばかりか、その陸奥守の任も解いてしまったのである。広い陸奥国から出羽国にわたり義家の手に渡るはずの支配が、そっくりそのまま清衡の手にころげこむ結果になった。東北の新しい王者としての清衡の前途は、ここから開けるのである。

新しい東北の政治君主としての清衡の地位は、その政治首都平泉の位置と性格に象徴される。いったい、安倍氏にしてもその後継者清原氏にしても、「奥六郡の司」たることをその支配の基礎とした。その本拠は鎮守府胆沢城の周辺にあり、中尊寺の北側山すそを流れる衣川《ころもがわ》を南限としていた。すなわち奥東北の支配者であり、奥蝦夷の首長であるという性質の族長であった。

清衡にももちろん、その奥六郡の司、俘囚長の系譜につらなるものとしての側面はある。しかし、彼にはそれを乗り越える新しい支配者としての重要な性質が加わっている。それは、ひとり奥六郡＝奥東北の支配者であるにとどまらず、さらにその南、内郡として政府側に組織された地帯まで含めて東北土豪がまとめて支配するという方向を切り開いてきている、ということである。いや、それをあるところまで体制化していることである。

平泉というところは、奥六郡を越えてその南にある。それは奥六郡を越えるものの決意が選んだ政治都市である。さらに、この都市は、南白河関まで十余日、北外ケ浜《そとがはま》（陸奥湾岸）まではまた十余日。東北のちょうどまん中。その中央に位置することが自覚されていた。その首都占定にあたっては、この地が「四神《しじん》相応《そうおう》の地相」つまり王者の都にふさわしいところがらであることまで意識されていた。

となれば、これは、みちのく全土に王者として臨むという自覚に立った政治行動である。これは東北の土豪として画期的であるばかりでなく、日本史全体としても、古代集権国家から地方分権国家への転換を先駆する出来事であった。

清衡が踏み出した北方の王者への道をいっそう踏みかためて、在地の国司のような権力を築きあげたのが、二代基衡であった。国司がその公権を行使するのを、先例がないといって、これを部下に公然と阻止させたりもしている。摂関家がその権威を笠に着て、その管理下の荘園年貢を増徴しようとしても、基衡はこれにもたやすく応じなかった。中央からはその地位が「在国司《ざいこくし》」というように呼ばれるにいたっていた。

初代・二代の事実上の国司権「在国司」の地位を、正式に制度上の地位におしすすめ、北方の在地首長制を一つの公権的な北方行政権として体制化したのは、三代秀衡である。嘉応二年（一一七〇）五月二十七日、秀衡は鎮守府将軍に任ぜられた。時の右大臣九条兼実はその日記『玉葉《ぎょくよう》』でこのことにふれ「奥州の夷狄《いてき》秀衡が鎮守府将軍になった、これは乱世の基である」と言っている。これは、蝦夷首長が蝦夷の限界を越え、在地が在地の制限を越えて、歴史の転換を促すにいたっている事実を指したものである。

源平がしのぎをけずる治承寿永の内乱期、その秀衡はさらに陸奥守にすすめられることになる。養和元年（一一八一）八月十五日のことである。同じ本はこう指摘している。「天下の恥、何事か之に如《し》かんや。悲むべし、悲むべし。大略、大将軍（平宗盛）ら、計略尽き了るか」。これは、古代政府が朝廷としての原則を放棄して、辺境の蝦夷におおやけの権威を売り渡すことだと指摘したものである。つまり藤原氏が三代秀衡にいたって、東北に小公権国家、新しい地方国家をつくり出すにいたったということになるのである。事実、この平泉の政庁「奥《おく》の御館《みたち》」と呼ばれたその政庁には、奥羽両国の省帳《しょうちょう》・田文《たぶみ》、すなわち国の公の土地証文がみな集められ、四代泰衡の時もそのままで、泰衡とともに焼け滅んだ、と言われている。

とすれば、これまで東北の都、みちのくの朝廷だった「大王《おおきみ》の遠《とお》の朝廷《みかど》」多賀国府に代わって、平泉が新しい東北の都として体制をととのえるにいたったことになる。もちろん、多賀の陸奥国府や、城輪《きのわ》（山形県酒田市）の出羽国府は形式的には残った。しかし行政府の最高機能は平泉に移され、国府はその留守《るす》所《どころ》としての事務官庁化してしまったのである。

平家が新例を開いて秀衡を正式に陸奥守に任命したのも、平泉の北方の王者としての事実を承認し、これを対等の協力者として期待してのことであった。義経が兄頼朝に追われて、最後にここに身を寄せたのも、秀衡ならば十分に、頼朝に四つに組める政治家と判断したからであった。頼朝が秀衡の生存中、ついに鎌倉を離れることをしなかったのも、この北からの脅威を警戒してのことであった。秀衡の死後、頼朝は平泉への外交攻勢を急に強める。そしてこれを強引に攻め滅す。その征服には頼朝自身が出陣している。なぜだったろうか。

みちのくが、蝦夷世界が、もはや単なる未開不毛の世界でなくなって、京都や鎌倉と正義を争う政治世界化し、積極的に政治的独立を主張するようになった重大な事態に対して、新しい国家正義のにない手となった頼朝が、これを鋭い原理の挑戦とうけとめていたからだったと言ってよいのである。

平泉文化の意味

政治史的に藤原氏が驚異的であった以上に、むしろ奇蹟的ですらあったのは、平泉の文化であった。それはどういう意味においてであったか。

それはまず、平泉文化の華麗盛大にあった。『吾妻鏡』には中尊寺は寺塔四十余宇・禅坊三百余宇、初代清衡草創するところとある。また毛越寺《もうつうじ》は堂塔四十余宇・禅房五百余宇、二代基衡建立、三代秀衡完成するところとある。基衡の妻、安倍宗任の娘は観自在王院《かんじざいおういん》を建てた。さらに三代秀衡は無量光院《むりょうこういん》を建立したが、それは宇治の平等院をそっくり摸したものであった、という。さらにこれらの寺院をめぐって四方には鎮守が配されていた。中央惣社、東方日吉・白山両社、南方祇園・王子諸社、西方北野天神・金峰山、北方今熊野・稲荷社等である。これらは「ことごとく本社の儀を摸」したというから、平泉の寺院は京都の盛大をそのままみちのくに移すことを目的としていたことがわかる。

みちのく。それは文化果つる不毛の意味である。そこに都の盛大と華麗とをさながらに移す構想が、ここには示されている。未開から文化へ、いっきょに転換する政策なのである。

その次に注目すべきことは、この文化の目くらむばかりの美しさ、皆金色《かいこんじき》と呼ばれる優美にある。この文化は金銀螺鈿《らでん》をちりばめ皆金色に光りかがやいていた。「金銀和光して中誠を照す」――初代清衡は中尊寺の落慶供養《らっけいくよう》にあたり、仏前にささげた願文に、この仏寺建立の趣意を、そうのべている。金銀をはじめとする七宝《しっぽう》が燦然と光りかがやき、それらが調和して照りはえる美しさの中に、求道《ぐどう》のまことをあらわす、ということなのである。

東北は古来ゆたかな黄金の産地であった。藤原氏はその豊富な金をすべてこの都市に集積して、これを自由に使用することができた。それがまず、素材的ないし経済的にこの黄金文化が成立しえた背景であった。しかし、かりにそうだったとしても、これまで東北の黄金が、東北の人たちの手によって、東北の世界をこのように荘厳に飾ったことはない。のちに毛越寺金堂円隆寺が焼失した時の『吾妻鏡』の記事には「荘厳《しょうごん》（装飾）に於ては吾朝無双《ごちょうむそう》」とある。日本一の美しさだ、という意味である。さらに三代秀衡建立の無量光院については「院内の荘厳、ことごとく以て宇治平等院を摸する所なり」とある。平等院は王朝の貴族文化を頂点において代表する文化である。「極楽疑わしくば、宇治の平等院を敬《いやま》え」。時人はそういって、これを此土浄土《しどじょうど》、この世の浄土、とたたえていた。

とすれば、平泉文化は、その都の此土浄土を、このみちのくに再現したことになる。日本一と称される華麗な文化を辺境の蝦夷の故地に実現したことになる。金色堂内陣《ないじん》の七宝荘厳《しっぽうしょうごん》の巻柱《まきばしら》など、これまで他のどの地域においてもつくられたことのない豪華な柱であったのでないかとまでいわれている。

これはみちのくというところの文化の伝統を変革する事実である。そして日本史上、地方というもの、辺境というところの可能性がこのように高度な形に具象化された歴史はないのである。

平泉文化はしかし、そのようにただむかしの文化として貴重であるのではない。それは現にある王朝文化・藤原文化としてもかけがえのない貴重さを誇っているのである。美術史家はいう、正倉院は奈良朝美術の宝庫である、それに対して中尊寺は藤原美術工芸の倉庫である――たとえばそのように。それはどういう理由からであったろうか。

それは単に皆金色の文化だったからではない。そうではなしに、中尊寺にのみあるために、王朝の文化、藤原の文化を復原することができるというような文化が、ここではいくつも指摘しうるからなのである。

いや、中尊寺が、平泉文化があるために、王朝の貴族文化が一つのセット文化として復原できるからなのである。現存する王朝の美術工芸としては、平泉文化ほど総合的なセット文化としてすべて具備しているものはないのである。

まず金色堂は、藤原時代の建築をさながらに残している。それだけでない。鎌倉時代の套堂《さやどう》＝覆堂もこれにつけ加えて持っている。これはまことに貴重この上もない付録である。次に、ここには、藤原時代の定朝《じょうちょう》様式をみごとに代表する仏像が三十三体（うち一体欠）もそろっている。清衡壇・基衡壇・秀衡壇三壇には、各壇十一体ずつの仏像が安置されている。阿弥陀三尊・二天・六地蔵のセットである。それが平安末期十二世紀を三十年ずつ三期に区別する代表作として現存する。しかもこれら三組の仏像群は、三代各期の三壇に対応し、三壇はそれぞれに三期を示す格狭間《こうざま》のほのかに薫るような螺鈿象眼細工《らでんぞうがんざいく》に飾られている。

これらのほかに、ここには漆工・金工・木工などの仏具が各種そなわっている。経架《きょうか》・灯台《とうだい》・華鬘《けまん》・磬《けい》・磬架《けいか》といったようなたぐいである。このような仏具調度の小間物をこのように各種残している王朝文化はどこにもないのである。これに金銀字交書一切経《きんぎんじこうしょいっさいきょう》・毛越寺庭園（浄土庭園遺構）がつけ加わって、平泉文化の総体を形成するのである。

京都や奈良の一級文化においても、このように王朝美術工芸がすべてを一セットそろえて、ほぼ完全な形で標本的にこれを復原できるような形のものはまったく例がない。それが、奈良時代の美術工芸に対して正倉院が占めるのと同じような役割を、王朝の美術工芸に対して平泉文化がになうとされるゆえんなのである。

平泉文化は、もちろん、平泉において典型的かつ総合的な表現に到達している。しかしそれはひとり平泉だけにとどまった文化ではなかった。伝えられるところによれば、清衡は、白河関から外ケ浜にいたる二十余日に及ぶ東北の南北幹線道路には一町ごとに笠卒都婆《かさそとば》を立て、その面には金色の阿弥陀像をえがいた、といわれる。また、奥羽両国一万余村には村ごとに寺を建てた、とも伝えている。このことによって、藤原氏のもとでは、平泉を中心として東北全土に仏教文化の種子をまき、その花を咲かしていこうとする構想のあったことが知られる。

事実その通りだったとは思われない。しかし現在でも東北各地には、平泉時代までさかのぼるすぐれた寺院建築、仏像などがかなり残されている。もっとも典型的には福島県いわき市の白水《しらみず》阿弥陀堂があげられよう。すばらしい阿弥陀堂建築の中には阿弥陀三尊・二天が優雅なのみのあとをとどめ、最近では浄土庭園の遺構も復原されるようになった。

岩手県北上市立花には、すばらしい藤原様式の阿吽《あうん》の天部像が二体残る。優雅な天部像の典型と言ってよい。山形県寒河江《さがえ》市慈恩寺《じおんじ》には、小像ながらみごとな阿弥陀坐像がある。中央伝来のもの、とされるが、平泉の流れと考えれば、東北本来のものにもなりうるのである。

宮城県角田市の高蔵寺《こうぞうじ》には、いわゆる藤末鎌初《とうまつけんしよ》の丈六《じようろく》阿弥陀像がある。藤原様式の流れをとどめる最後の優作といってよい。

福島県大沼郡高田町（現会津美里町）の竜興寺《りゆうこうじ》には、一字蓮台《いちじれんだい》法華経九巻が残る。美しい装飾的写経、いわゆる荘厳経《しょうごんぎょう》としては、平泉金銀字交書一切経、厳島《いつくしま》神社平家納経《へいけのうぎょう》などと並んで、藤原時代を代表する写経の一つである。

平泉の文化は東北各地にこのようなすそ野をひろげてその頂点に立っていたのである。

（原題「藤原三代」、『歴史公論』第二巻第七号〈一九七六年七月〉より収録）

3　藤原氏の滅亡——異国奥羽の消滅

藤原氏と平泉　寛治元年（一〇八七）、藤原清衡《きよひら》が東北地方の支配権をにぎってから、四代泰衡《やすひら》が中世の天下びと源《みなもとの》頼朝《よりとも》の侵略で滅亡する文治五年（一一八九）までの約百年間の東北古代史は、「平泉《ひらいずみ》の世紀」として一つの独立した意味をもっている。

藤原秀郷《ひでさと》の子孫とされる藤原経清《つねきよ》は、陸奥国《むつのくに》の官人のひとりとして奥州に下向《げこう》し、そのまま土着して地元の大豪族安倍頼時《あべのよりとき》の婿《むこ》となり、その部将として前九年の役で戦死した。その子清衡は、母が再婚した出羽《でわ》の清原氏(1)のもとで育った。清衡は、後三年の役では源義家《よしいえ》に協力し、その力で清原の主流をすべてほろぼし、義家が陸奥守の任を去ったのちは、奥州におけるただひとりの現地支配者となってその覇権《はけん》をにぎったのである。

安倍氏も清原氏も、古代東北の大豪族である。しかし藤原氏のように、東北全体を一世紀間というふうに長期にわたり、しかもちゃんとした政庁をもって支配するというところまではいかなかった。後三年の役がおわってからしばらくして清衡は平泉に館《やかた》を構えて東北に号令するようになり、国司がいるのに国司権を代行する者として黙認されていた。その支配範囲は、白河関《しらかわのせき》（福島県南端）から外ケ浜《そとがはま》（青森県津軽半島東部海岸）におよび、三代秀衡《ひでひら》になると正式に鎮守府《ちんじゅふ》将軍、陸奥守に任命されて、その支配を公認されるにいたっている。奥羽両国の土地台帳などは、すべて平泉館にあったというから、りっぱな東北政庁であったわけである。

　これほどまでよくととのえられた地方政庁が、国府とは別に組織されたことは、これまでの歴史には例がない。鎌倉に武家の首都がおかれるというふうに、地方の政権が奈良や京都にかわって支配するきっかけも、平泉がつくったと言ってよいだろう。東北は、いわゆる「道の奥」である。公に問題になるような政治など、地元人の間に起こりそうにないところがらである。平泉は、東北のその運命のような政治疎外の歴史を克服したのである。平泉は、新しい歴史の門に立ったのである。

藤原氏関係系図

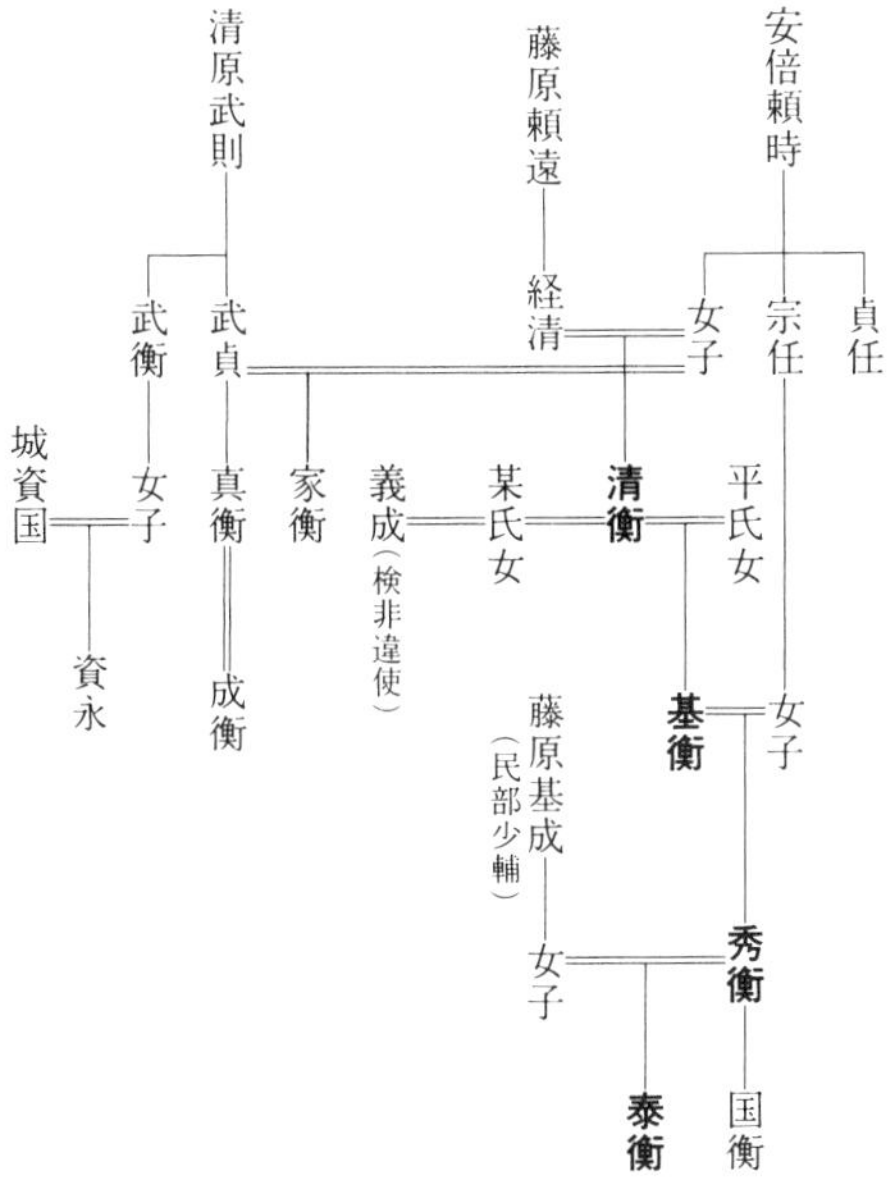

摂関家公認の実力　後三年の役がすんでまもなく、清衡は、京都の関白藤原師実《もろざね》に馬二匹を献じた。そののち、子基衡《もとひら》などもしばしば貢馬をしたことが、そのころの摂関家《せっかんけ》の日記『後二条師通記《ごにじょうもろみちき》』や『殿暦《でんりゃく》』(2)にみえる。そこでは彼らを国司に準ずる実力者格としてあつかっている。つまり彼らは、国司にあらざる国司であったのである。現に、基衡の部下の大庄司《だいしょうじ》季春《すえはる》という者が、朝

廷の命をうけて検地《けんち》しようとする陸奥守藤原師綱《もろつな》に乱暴をはたらいたとき、師綱は、基衡に命じてこれをとどめさせようとしたが、そのとき基衡は「在国司《ざいこくし》」つまり「現地国司」と呼ばれている。もっともこれは物語にあることであるが、それでも、藤原氏が事実上の国司扱いをされていたことを示すに十分である。その物語によれば、基衡は、部下をかげからあやつって国司の政治を妨害していたのであるから、彼らは正式の国司を排除してその地方支配を確立しようとしていたことも知られるのである。

そんなふうにして基衡は、かの有名な悪左府《あくさふ》藤原頼長《よりなが》とも荘園の年貢引上げ問題をめぐって正面衝突したことがある。頼長の日記の『台記《たいき》』仁平三年（一一五三）のくだりには、そのことがこまごまと書かれている。

頼長には、父忠実《ただざね》からゆずられた荘園が陸奥国に二カ所、出羽国三カ所あった。年貢増徴問題は、父忠実のころから起こっていたが、忠実やその補佐官たちは、基衡のような蝦夷の長をおこらせるのは危険だと言ってそれを強行しなかった。頼長は父の忠実さえ実行できなかったことをやりとげたと言って得意であったが、それは、関白や左大臣などがじまんするような額ではなかった。だいたいからいうと、その要求額の半分ないしそれ以下に値ぎられて妥結したものであった。

こうして、当時もっとも鼻息の荒い政治家とも四つに組むような実力を、平泉藤原氏は持つようになっていたのである。

第三勢力　三代秀衡は、嘉応二年（一一七〇）鎮守府《ちんじゆふ》将軍に、養和《ようわ》元年（一一八一）には陸奥守に任ぜられた。ときの右大臣九条兼実《くじようかねざね》は、その日記『玉葉《ぎよくよう》』で、「これは乱世の基である」とか、「これ以上の恥はない」とか言ってこれを慨嘆している。

兼実らの間では、秀衡のような蝦夷に鎮守府将軍や陸奥守のような正式の官職をゆるしたのでは、地方政治が政府の手をはなれて蝦夷の手に落ち、国家の中に国家がつくられることにもなる——そんなふうに理解されていたのである。じっさい、この事実はそれだけ重大な意味を含んでいた。だとすると、秀衡の時代になって藤原氏はいちだんと新しい発展をむかえたということになる。

鎮守府将軍というのには、前九年の役の功労者清原武則《たけのり》も任ぜられているから、先例がないわけではない。しかし秀衡は、これという手柄があったのでもないのにこれに任ぜられている。藤原氏の支配者としての絶対の事実が、この公認をかちとったのである。

しかし、それは他方ではまた、平泉藤原氏が京都への接近を積極的に推進して中央的な政治勢力としても成長しようとする意欲をみせてきたことをしめすであろう。そのことと陸奥守任官とは不可分にむすびついていたのである。

源平争乱時に平家の統率者となった平宗盛《むねもり》は父清盛《きよもり》のような誇りをもった政治家ではなかった。目的のためには手段を選ばなかったのである。源氏征討に役だつなら、味方になって戦ってくれるなら、だれでもなんでもよい。それなりの礼もする——そういう次第だったのである。

こうして、東日本におけるたのもしい味方としてマークされたのが、頼朝に対しては平泉の藤原秀衡、義仲に対しては越後《えちご》の城資永《じょうすけなが》兄弟であった。秀衡は陸奥守、資永は越後守。破格の人事はその見返りだったのである。奥州の蝦夷の長と考えられていた秀衡は、ここにきて頼朝を背後からつく使命を負わされ、

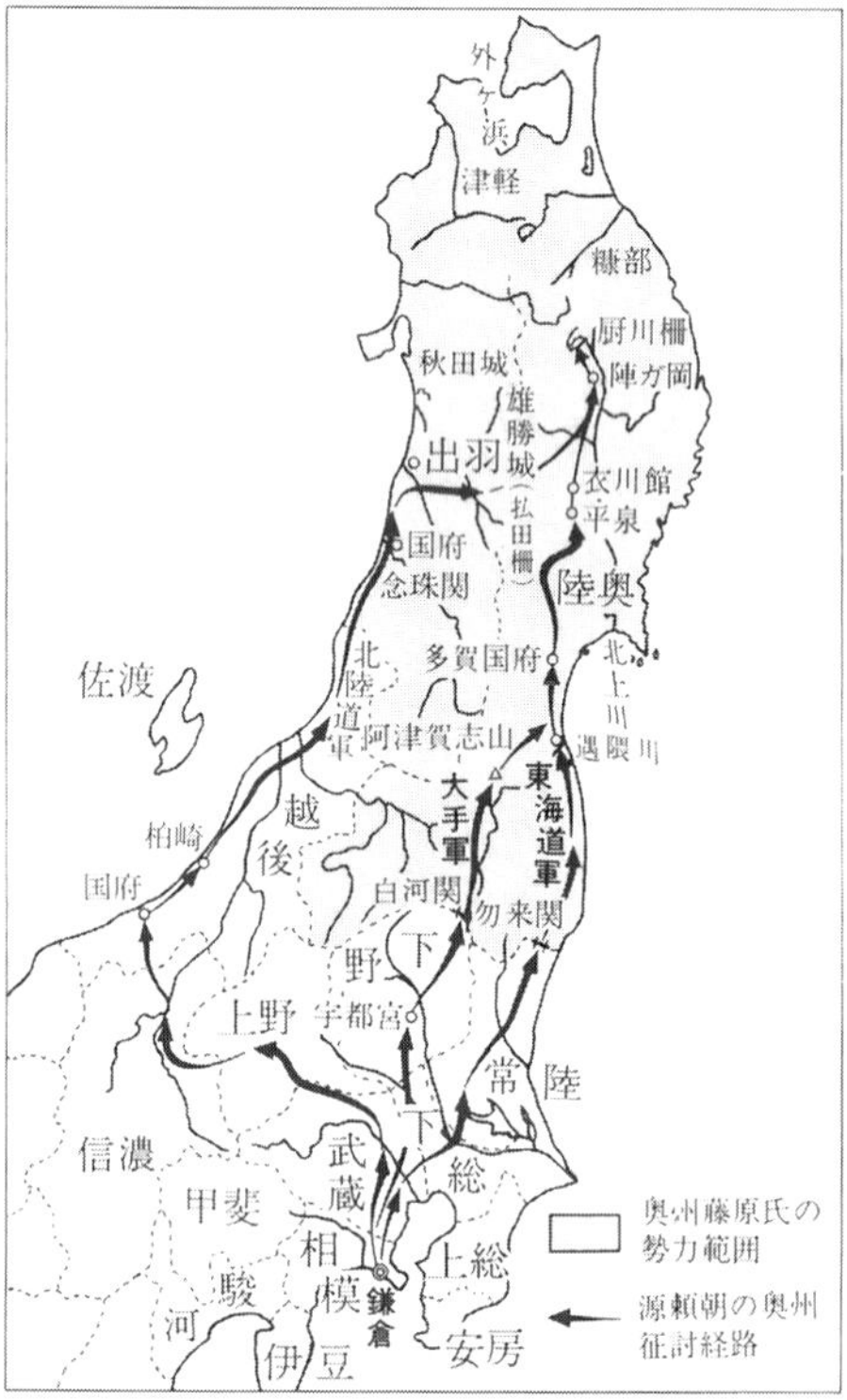

藤原氏関係地図

反対給付に東北支配の全権を付与されたのであった。平氏は一時、東国における頽勢《たいせい》の挽回を、白河関を討って出る平泉勢に期待したほどであった。

秀衡もさるもの、平氏には機をみて出撃すると色よい返事をしておいて、あえて動こうとしなかった。うかつに火中のクリを拾う愚《ぐ》を彼はよく見越していた。しかし、この平氏と気脈を通じた武装中立は、鎌倉にとっては重大な脅威であった。北関東の、たとえば佐竹《さたけ》氏のような有力豪族も、平泉と結んで頼朝に対抗していたために、頼朝も平氏征討に全力を向けることができなかったから、平氏のこの平泉抱込み政策は、それなりに成功したと言ってよい。

また秀衡は、頼朝の申入れを受諾して、平氏滅亡後の文治二年（一一八六）には京都への貢進物について、鎌倉とのあいだに紳士協定を締結した。このように、平氏とも鎌倉とも五分五分に取引する第三勢力として、治承、寿永、文治の内乱期における平泉は、政局にも大きくかかわる政治力にのしあがっていたのである。

頼朝の策略　平泉のこのような第三勢力としての独立は、文治三年（一一八七）十月の秀衡の死とともに失われた。考えてみればそのようなあかぬけた政治は、秀衡のもとでだけ可能なものだったのである。また頼朝にしてみれば、平氏、義仲、義経《よしつね》のような表の大敵が正面にいるうちは、平泉のような裏の敵とまで事を構える二正面作戦は、回避せねばならなかった。しかしその正面の大敵もつぎつぎに消えていって、最後の敵義経が敗残の身を平泉にかくまわれるということになると、客観情勢は大きく変わってきた。

表と裏の敵が一つになり、いままで裏の敵であった平泉が表の敵になってきたのである。意識の奥にしまいこんでいた平泉への憎しみが、頼朝には一度にもどってきた。平泉は、源氏の全国征覇《せいは》の行く手にたちふさがって、事ごとにこれを妨害してきた奥羽族長勢力の最後の組織者である。前九年、後三年の両役も、その結果からみれば、すべて安倍氏、清原氏を中継ぎとする藤原氏の支配のために、道を掃き清めたにすぎないものだったのでないか。

頼義《よりよし》、義家《よしいえ》ばかりではない。為義《ためよし》が強く陸奥守を望んだときも、平泉の基衡と戦争になるだろうというので、それもおさえられた。まさに源氏宿怨《しゅくえん》の敵といわねばならない。頼朝の天下統一にあたり、この平泉の独立の解消が日程にのぼるのは時間の問題であった。義経問題は、それを早めたにすぎない。

秀衡は、早晩、頼朝の支配が奥州に向くのを予想して、義経との同盟によってこれを排除する策を立てていた。秀衡の政治力と義経の軍事力が一つになれば、勝算は十分にあった。しかし、泰衡《やすひら》ではそれは不可能であった。そこで頼朝は、巧妙に、まず義経さえ除けば事が解決するかのような圧力のかけかたをした。人のよい泰衡はまんまとその手にのった。文治五年（一一八九）閏四月、義経は衣川館におそわれて自害し果てた。平泉の忠実な義経党の弟忠衡《ただひら》も、同じ泰衡の手で殺された。

奥羽、中央の支配下に　泰衡はそれで事がすんだと思ったのだが、頼朝にとってそれは征討の始まりであった。当面の敵がなくなって、ただひとりのこった長年の敵征討に、頼朝は二八万騎と称する大軍を率《ひき》いてみずから出陣した。伊達《だて》郡阿津賀志《あつかし》山ではかなりの戦闘があったが、そのあとは戦闘らしい戦闘もなく、征討軍は一気に平泉まで進出した。ささえかねた泰衡は、夷狄嶋《いてきがしま》（北海道）に逃れようとして、途中、部下のために殺され、文治五年九月、藤原氏はまったく滅亡した。

この年の暮れから翌建久元年（一一九〇）のはじめにかけて、藤原氏の遺臣大河兼任《おおかわかねとう》が、主君の弔《とむら》い合戦と称して出羽国の秋田方面で兵をあげ、一時勢いが強かったが、栗原《くりはら》郡の栗原寺（宮城県北）で敗死して、この乱もおさまった。

平泉の役の歴史的意義は大きい。鎌倉幕府の統一が、これによって完成したばかりでなく、東北のすみずみまで中央の支配がおよんだという点では、日本史始まって以来の出来事と言ってよい。平泉が、中間的になしとげていた東北の統一という仕事を、頼朝が全国的な統一という形でひきついだとも言えるだろう。

鎌倉御家人《ごけにん》は、地頭《じとう》として秋田、津軽、糠部《ぬかのぶ》（八戸《はちのへ》方面）まで入部した。奥州総奉行がそれを統轄し、やがて奥州は幕府の知行国《ちぎょうこく》として直轄領となる。異国ないし外国としての奥羽は、ここではじめて消滅するのである。

（原題「奥州藤原氏の滅亡―異国奥羽の消滅―」、『日本と世界の歴史』第九巻〈一九六九年七月〉学習研究社刊より収録）

註

（1）出羽国の俘囚（帰降した蝦夷）の長。前九年の役の清原武則の功により安倍氏にかわって東北を支配。

（2）関白藤原忠実の日記で、『後二条師通記』とともに当時の世相などをうかがうことができる。

4　藤原三代と中尊寺

限りないロマンが歴史を織り成す風景。

日本史上、平泉はそういった叙事詩を形成する。

エゾの国。みちのおく。はじめに、まずこの「未知なるもの」があったのである。

エゾ。何ものだったろう。みちのく。いったいどういうところだったのだろう。

そのナゾがまだ何も解けていないところに、藤原三代の歴史がきて、それにあの目くらむばかりの黄金文化が重なって、義経までこのナゾの中に割って入るのである。

それら歴史の秘儀を奥深くつかさどるかのように、藤原三代はミイラとなって金色堂壇下に今も眠っている。

日本史上のナゾをその百年の歴史に封じこめて、その「未知」がロマンに光り輝く歴史と文化。それが平泉である。

ここでは、歴史が小説より奇なのである。したがって歴史の科学は、物語よりもローマン的なのである。

黄金の国――平泉

金色堂《こんじきどう》。金色燦然《さんぜん》として目くらむばかりなので、それで金色堂だとみんながいう。金色堂ないし光堂《ひかりどう》というのは、しかしその本来のおこりにさかのぼって考えてみると、そういう意味のものではなかった。これは来迎引接《らいごういんじょう》の阿弥陀堂、いわゆる、迎接《ごうしょう》の阿弥陀堂として、臨終の念仏者を極楽に迎え取るために来迎する阿弥陀如来が、金色の慈悲の光に照り輝いておわすという意味での、「観念の金色堂」のことであった。だから実際にこれを黄金によって視覚的に金色に造形するしないにかかわりなく、「迎接の阿弥陀堂」がすなわち金色堂であったのである。

平安時代わけてもその末期は、理想の現実化、観念の感性化のさかんな時代であった。「彼岸《ひがん》浄土」（あの世の浄土）を「此土《しど》浄土」（この世さながら浄土）に見立て、「観念の金色堂」は「黄金の金色堂」に表象されるにいたったのである。とりわけ中尊寺は、その「黄金金色堂」の最たるものになったために、正倉院といえば東大寺正倉院を指すように、金色堂と言えば中尊寺金色堂を意味するようになったのである。

ひとり金色堂のみでない。中尊寺・毛越寺《もうつうじ》・無量光院以下、平泉の諸堂塔は、すべて金色に光り輝き、その見事なことは「皆金色《かいこんじき》」（すべて金色に光り輝いている）と称されていたのである。とすれば、平泉文化を可能にした要因として、金の役割を考えないわけにはいかない。いや平泉では、金は政治でもあり外交でもあって、それに加えて文化でもあったと考えるべきなのである。

奥州産金の歴史は古い。奈良時代、天平《てんぴょう》の昔、聖武《しょうむ》天皇が国家の財力を傾けて東大寺に大仏を建造していたとき、これを完成するための鍍金《めっき》の手持ちが底を突いてしまった。この大業もここに頓挫《とんざ》するかもしれぬ。その危局にあたり、奥州から金九百両が急使によって届けられ、天平の廟堂は蘇生の思いをし、歓呼の声に湧きかえったことがあった。

日本には金は産しないことになっていた。それがこの奥州産金により、わが国にもこの「国の宝」のあることがわかった。年号は天平感宝さらに天平勝宝と改まった。どのように衝撃的な出来事だったかがわかる。

これを機に、奥州には一大ゴールド・ラッシュがおこる。古代政府は、とくに国府のある多賀城《たがじょう》から北の地を特別産金地帯として指定し、この地区からの調は金をもってするよう、正式にこれを国家財政に組み入れる措置をとった。この結果、奈良時代後期から平安初中期にかけて、朝廷や貴族・寺社の必要とする金は、ほとんど奥州金に限定されるようになり、奥州金の献上が政府の金保有を左右するにいたる。そこで奥州国司の最大使命の一つは、この貢金をつつがなくはたすことにあった。古代奥州支配は、その名馬支配と並んで、この金支配をどのように確実に維持するかを大きな眼目としていたのである。

日宋貿易では、この奥州金が日本商品として中国に渡るのである。このため『宋史《そうし》』日本伝ではこれを特筆して、金は奥州特産であると言っているほどなのである。

藤原道長と同時代の右大臣小野宮実資《おののみやさねすけ》という人の日記『小右記《しょうゆうき》』天元五年（九八二）三月二十六日条には、こうある。「中国からの商客が来て三年になる。おみやげの金を持たせて帰国させねばならぬが、手持ち金がない。金はよその土地からは出ない。奥州産のものだけが貢上されている。急いで使者を出して、貢金の催促をせよ」。

これが平泉以前の「奥州産金史」の概略である。奥州藤原氏は、その政治力・軍事力のもとに、この「古代ドル箱」を津留《つどめ》、独占体制を固めたのである。その貢金は、平泉の独立、内政不干渉の承認を朝廷からかちとる有力な経済外交の武器となった。都から有能な事務官僚・学者・文化人・技術者などを意のままに呼びくだす神通力となった。日宋貿易のピークは、この平泉の独占体制が成った時点におとずれる。アジアの最高級品も、この奥州金の前にははなはだ安価な商品だったのである。

こうしてあらゆる文物は、その知識・技術ともども、みなこの奥州金の買い上げるところとなった。それらを最高の文化に磨き上げる素材としての黄金も、ここには山と積まれて尽きるところを知らなかった。あらゆる「結構」の賛辞《さんじ》が平泉にささげられたのは、まことにもっともであった。古代では、黄金は全能を意味したからである。

黄金の国ジパングと平泉

「皆金色《かいこんじき》」ということになれば、例のマルコ・ポーロ『東方見聞録《とうほうけんぶんろく》』の「ジパング黄金物語」と、平泉がかかわりあるのかないのか、だれしも気になるところである。そこでこのことにもひとわたりふれておく。

古くこのはなしを、金色堂などと結びつけて説きなす場合もあった。しかしあまりしっかりした議論ではなかったために、最近はほとんどかえりみられることがない。わたくしはこれを、相当にいけるはなしだと思っているのである。

マルコ・ポーロの中国滞在は一二七四〜九〇年。そのイタリア帰国一二九五年。帰国後三年の一二九八年、ヴェニスとジェノアの海戦に参加したかれは、敗れて一年間ジェノアの牢につながれる。『東方見聞録』はこの獄中のマルコ談を、同囚のルスチケロが筆録して世に紹介したものである。したがってその中のジパング（日本）物語も、十三世紀後半における中国滞在の見聞の記録化という性格のものになる。そのジパング記事はこんなふうになっている。

この国では至る所に黄金が見つかるので、だれでも莫大な金の所有者となっている。しかしこの国へは大陸からだれも行けないので、莫大な金は国外へは持ち出されたことがない。この国の国王の宮殿は、純金ずくめでできており、屋根から床・広間・窓まですべて黄金造りなので、その豪華さはとてもはかりようがない。

有名なはなしである。マルコはもともと「ミリオーネ」（大ぼら吹き）の異名があるくらいである。このジパング物語も、日本の金が外国に一度も持ち出されたことがないなどという明瞭なあやまりもあったりするので、このとおりにはとても信用できないことはいうまでもない。しかしはかりしれない豊かな黄金の国が日本というところにある、というはなしの物語化ということであれば、大体事実にあうのである。奥州というところは、国内でも都あたりからは、金のなる木のあるところぐらいに考えられていたのである。日宋貿易は、この奥州金を中国宮廷奥深くまでふんだんに運び入れた。それにはまるで夢物語のような黄金の国の王者物語もともなっていたと考えて、すこしも妨げないのである。しかしいかな平泉の王者物語といえども、「黄金の宮殿」というのはオーバーである。金色堂は仏堂である。宮殿ではない。ジパング黄金物語平泉モデル説の難点は、ここにあったのである。

しかしこれも、そう苦にしなくてよいものだったのである。浄土信仰においては、阿弥陀堂は持仏堂《じぶつどう》として高級サロン化してくる。阿弥陀堂を中心に寺院全体が貴族の別邸のようになり、大貴族の場合には「第二政所《まんどころ》」のようにさえなる。道長《みちなが》の法成寺《ほうじょうじ》、頼通《よりみち》の平等院、院政期の六勝寺《ろくしょうじ》のごときものは、そのようにして「一種の離宮」的存在になるのである。平泉のようにいずれも立派な庭園をともなう寺院は、造りそのものが寝殿造《しんでんづくり》型である。すなわち「寺院という名の御殿」だったのである。ちょうどスペイン国王フィリップ二世のエスコリアル、フランス国王ルイ十四世のベルサイユ宮殿のような、「宮殿以上の宮殿」としての離宮をここに思い合わせるとよいのである。

こうしてマルコの黄金物語は、皆金色寺院を皆金色宮殿に見立て、これにミリオーネの化粧がたっぷり施された物語ということで、大体理解できることだというふうに思われるのである。

平泉の黄金物語は、そのようにして、講釈師《こうしゃくし》マルコの口を通して、近代ヨーロッパに大航海への夢を、呪文のように語りかけることになるのであった。

なぜ黄金文化なのか

平泉は、奥州のすべての金を集め、これを思うように使うことができた。だから建物も仏像も仏具も、すべて金ずくめにすることができた。しかしそれだけでは、なぜ皆金色にする必要があったたか、その理由が説明つかない。それは、ただ支配者の豪奢のねがいを実現するためのものであったのだろうか。

そうではないのである。

平泉の地は、南端白河関、北端外ケ浜《そとがはま》（陸奥湾岸）から日程にしてどちらからもちょうど十日余り。奥州の中央にあった。藤原氏は、そのみちのく最中《もなか》の地にあって、奥州王者の政治を行なおうとして、平泉に都した。その政治の都に重ねて、ここに仏の理想の都、すなわち「地上極楽」（此土《しど》浄土）を実現しようとしたのである。

清衡の中尊寺は、それを法華経中心に、これに密教・浄土教すべて総合して、一大仏国土をここに実現しようとしたものであった。基衡の毛越寺の浄土庭園、その妻の観自在王院《かんじざいおういん》の浄土庭園は、いずれも浄土マンダラといって、地上さながら極楽世界が実現したことを具象化するものであった。

三代秀衡の無量光院は、宇治の平等院をそのまま平泉に移したものといわれた。発掘によっても、そのプランがほとんど平等院と同じものであったことが確かめられている。平等院は「極楽いぶかしくば、宇治の平等院を敬《いやま》え」といわれて、さながら地上極楽と考えられていたのである。だとすれば「みちのく平等院」としての無量光院もまた、「みちのく此土浄土」の証《あかし》であったことがわかるのである。

地上極楽・仏国土。それは理想世界の実現である。考えられる最上のめでたさで表象されるのでなければならない。経典ではそのようなめでたさを、「七宝荘厳《しっぽうしょうごん》」と形容し、金と銀とをそのめでたさの代表とするのである。

平泉文化がその持てる富のすべてをこれら寺院の荘厳に投入し、とくにその保有する黄金によってすべてを皆金色に飾ろうとしたのは、こうしてみると、聖武天皇が国分寺や東大寺の造営によって、理想国家を実現しようとしたのと同じような理想によっていたことがわかるのである。

最高のものは、最高の技術によって最高の文化に高まる。平泉が、都の最高の仏師や写経師やその他の工人たちを招請し、奈良や京都でさえこのように豪華な作例はなかったかもしれない、と称される最高級の貴族文化をつくり上げたのも、それが「仏国土の創造」を目ざすものだったからである。ありうる、考えうる最高のもの。それは具体的には都の貴族文化の形をとる。しかしそれは手段である。目的ではない。平泉に都を超える心をその形に見ることができることから、それは明瞭なのである。

中尊寺建立の心

藤原清衡供養願文と呼ばれているものがある。天治三年（一一二六）三月二十四日付のものである。改元して大治元年。清衡死の二年前である。これは三間四面の檜皮葺《ひわだぶき》の「鎮護国家大伽藍《ちんごこっかだいがらん》」建立の供養願文であった。この堂宇は百体釈迦像を祀る「釈迦金堂」であった。だからこの願文は「中尊寺金堂落慶《らっけい》供養願文」ということになる。

この時には、この釈迦金堂のほかに、三重塔三基・二階経蔵・二階鐘楼なども同時に落慶供養し、清衡一代にわたった中尊寺造営事業に終止符を打ったのである。

この中の鐘楼に洪鐘（大鐘）を懸けるにあたり、その心を清衡は次のように述べている。

右、一音のおよぶ所、千界を限らず、苦しみを抜き、楽しみを与う。普く皆平等なり。官軍・夷虜の死ぬこと、古来幾多なり。毛羽《もうう》・鱗介《りんかい》（鳥や魚貝）の屠《と》（殺す）を受くること、過現《かげん》（過去・現在）量りなし。精魂、皆他方の界に去りて、朽骨猶この土の塵となる。鐘声の地を動かすごとに、冤霊《えんりょう》（罪なくして死んだ者の霊）をして、浄刹《じょうさつ》（極楽）に導かしめんことを。

これは、中尊寺建立の心を語る注目すべき「鎮魂《ちんこん》のことば」である。その趣旨はこうである。「奥羽では、不幸なたたかいにより、敵味方、罪なくして死んでいった者がはなはだ多い。人だけでない。鳥や魚もそうである。幽魂はまだこの土にとどまって成仏できないでいる。この祈りによって、苦しみを取り去り、安らぎを与え、みな極楽往生とげることができるようにねがう」。

この寺が鎮護国家の寺であることは、はじめに言われている。しかしその鎮護国家たるゆえんのことばは、この「鎮魂のことば」のあとにくる。この寺は何よりも、くり返された戦争により、罪なくして逝った人たちのとむらいのために建てられるということば以上に、感銘深いものはない。

関山《かんざん》中尊寺。中尊寺はそういうのであるが、関山は衣川関山《ころもがわのせきやま》。前九年の役最大の激戦のあった主戦場である。その地に「いくさのとりで」でなしに「のりのとりで」を築くところに、清衡の深い懺悔《ざんげ》の心がある。

中尊寺のまん中には、衣川関にかかる奥大道（国道）がかけられていた。奥州の旅人たちは、かならず中尊寺まいりをするようになっていたのである。その奥大道には一町ごとに笠卒都婆が立てられ、その表には金色の阿弥陀像が図絵されていた。奥州全土は、この大道を地上極楽まいりの巡礼路とし、中尊寺をその極楽とする仏国土に構想されていたことになるのである。

壮大なユートピア構想のようなものを、そこに想定することができるのである。

清衡以下藤原三代が、ミイラとなって金色堂須弥壇《しゅみだん》下に葬られているのも、この地上極楽思想からくるのである。法華経《ほけきょう》によれば、多宝如来は寂滅後も多宝塔（廟塔）内に入定《にゅうじょう》（眠った姿で死の状態に入ること）相に肉体をとどめ、法華経の功徳で地上極楽が実現する時、相共に往生すると誓う。藤原氏はこの法華経の説くところに従い、地上極楽の実現を待つべく入定相に肉体をとどめ、永生を続けておいでなのである。いや、あるいはすでに此土浄土実現の金色多宝塔に、往生を終えた入定相にかくおわすのであるかもしれない。

ほとんど考えられないようなユートピアの地上実験が、ここにはあるのである。八百年後、同じこの岩手県で、宮沢賢治はかのイーハトーヴォの夢の実験をする。そして言った。「実は、これは、著者の心象中に、このような情景を以て実在したドリームランドとしての日本岩手県である。そこではあらゆることが可能である」。

わたくしは、ここの「著者」を「藤原氏」に、そして「岩手県」を「平泉」に改めれば、これはそのまま「中尊寺建立の心」になると思っているのである。八百年前の政治家宮沢賢治の地上ユートピア実験だったのである。

日本文化史上の平泉

平泉の役。北走する藤原泰衡を追って鎌倉勢が平泉に入城した時には、平泉は火の海であった。泰衡がその館に火をかけて、その手で平泉を滅ぼして逃れたのである。幕府の記録『吾妻鏡《あずまかがみ》』文治五年（一一八九）八月二十一日条。

三代の旧跡を失い、麗金・昆玉の貯え、一時の薪灰《しんかい》となる。倹は存し、奢は失う。誠に以て慎むべきものかな。

これは、まだ「文化」の何たるかを知らない鎌倉が、半ば羨望《せんぼう》に近い目で「平泉の文化」を眺めて、わずかに勝者のなぐさめを見出していることばである。「奢」とは、この場合「圧倒する文化」ということだったのである。

ところで、北条時政《ほうじようときまさ》は平泉征討の祈りをこめて、伊豆に願成就院《がんじようじゆいん》を建てた。頼朝は平泉の役より帰還直後、平泉怨霊の鎮魂の願いから、二階大堂の威容を誇っていた中尊寺大長寿院をさながらに模して、鎌倉に永福寺《ようふくじ》を営み名も二階堂と号した。そしてこれらの造寺が、事実上、東国における鎌倉文化事始めという意味合いのものになるのである。「平泉ショック」が、鎌倉に文化を起こすという側面もあったのである。

嘉禄《かろく》二年（一二二六）、平泉毛越寺《もうつうじ》金堂円隆寺が焼けた。『吾妻鏡』はそのことにふれて、「霊場荘厳に於ては、吾朝無双」と評している。「平泉文化は日本一の華麗である」。そういう評価だったのである。

中尊寺の寺塔は四十余宇、禅坊は三百余宇。また、毛越寺は堂塔四十余宇、禅房五百余宇あったという。それらがすべて七宝荘厳に善美をつくし、万宝をつくして皆金色に光り輝いていたというのであるから、まさにマルコ・ポーロのことばにあるとおり、「たとい、だれがその正しい評価を報告しようとも、とうてい信用されないにちがいない」のである。

今日、中尊寺に残る美術・工芸について、専門家たちは次のように言う。正倉院が天平文化の宝庫であるならば、中尊寺は藤原美術の宝庫である、と。

なぜ、そうなのか。中尊寺には、金色堂のように古い建築がそのまま残っているだけではない。仏像・仏具から細部の荘厳の金工・木工・漆工・螺鈿象眼細工《らでんぞうがんざいく》等にいたるまで、大工・小工、ここに欠けるものはないと言ってよいくらいに完備している。藤原美術・工芸の精粋を、このようにセット文化として今日に残す例はまったく他にないのである。

これに金銀字交書一切経《きんぎんじこうしょいっさいきょう》のような華麗な荘厳経《しょうごんきょう》を加え、三代ミイラの副葬品を追加し、毛越寺に王朝のありし日を夢みるような浄土庭園をつけ加えるならば、平安王朝の美術を語るべく、間然するところないのである。

みちのくが平安王朝を代表するのである。そして日本的な美しさを、その頂点において代表するのである。それは藤原氏のユートピア実験が、政治においては夢物語に終わったにもかかわらず、文化においては立派に歴史の現実だったことを証明するものである。

われわれには日本文化を代表するものに、地方文化をもってくるというようなことは、ほとんどない。まして、その文化がもっとも都的になった平安文化について、地方が、とくにみちのくがこれを代表するなどということはありえないことと考えている。そのため、平泉がどのように見事でも、それはたまたまそうなったと説明する。これを一つの必然とみる文化史学は存在しない。日本史上、平泉は、そういう文化史学の再検討を求めているテーマである。平泉はもはや奇跡でないのである。

（『全集　日本の古寺』第一巻〈一九八四年七月〉集英社刊より収録）

コラム　平泉の名優たち

わたくしにとって『奥州藤原氏四代』（人物叢書）は、終生忘れることのできない思い出の書である。

わたくしは、この本とともに、本の世界の旅に出た。その時は、平泉とか東北とかを、生涯の伴侶とするというほどの気持ちは、かならずしもなかったのであるが、この本とともに旅に出たということで、わたくしのそれからの旅は、ほとんどいつもハンコをおしたように、平泉か東北のどこかをめぐるみちのく巡礼シリーズになってしまったのである。

わたくしが、このテーマを手がけた動機は、そうはっきりはしていなかったものの、しいて整理してみれば、以下のようなことだったと思われる。

ナゾの東北、暗黒の平泉を、すこし筋道立ててわかる歴史にしてみたい。けっきょくそういうことだったろうか。

これまで、中尊寺の美術工芸を論ずる本はいくつもあった。しかし、そのような美の世界を可能にし必要とした歴史を明らかにした本はなかった。

『奥《おう》羽《う》沿革《えんかく》史《し》論《ろん》』という本はあった。これは大局の論としてはすぐれていた。しかし、下からキッチリ積み上げた歴史学ではなかった。戦後の昭和二十五年、金色堂に眠るミイラ調査があって、世人の平泉に対する関心を高めた。しかし、これは、自然科学平泉のアピールであった。歴史科学はこれにともなっていなかったのである。

美術の豪華と、科学の精緻の間に介在する歴史の学問の貧しさは、平泉を、何か歴史の中空に花ひらいた奇蹟の幻影のように思いこませてしまって、それを魅力として空想するローマン主義がさらにひろがってしまった。

わたくしは、この空中に舞い上がったままの平泉を地上に呼びもどし、藤原氏を史上の人に取りもどす歴史学が必要だと考えたのである。歴史から解き放たれても、彼らはこのように人を魅了してやまないヒーローたちである。そのたしかな歴史が回復されたならば、それはどのようにすばらしい人間になるだろうというのが、わたくしの平泉学事始めの如是我考《によぜがこう》であった。

幽霊には足がない。これは足のある幽霊をとらえる歴史になるのではないか。

そんなふうにして、わたくしの東北物シリーズ第一号としての奥州藤原氏探訪が始まったのである。

何しろ三十年近く前のことである。まことに汗顔のいたり、ザンキにたえない作ではあったのであるが、それでも、この方面の歴史を、新しく正面から主題化した草分けという光栄に浴したのであった。

この本で、わたくしは、日本史の中の東北史という観点をタテ軸に、京都―鎌倉―平泉というネットワークをヨコ軸に、その接点に藤原四代百年の人と時間を位置づけようとした。それは、学問上、ディスカバー東北の関心を呼びおこすのに、いささか役立つことができたのではないかと思っているのだが、すこしかたく構えて、興味をまろく誘い出す妙味に欠けていたことを反省している。またその理論も、これまでの構図によりかかって、小じんまり東北の立場を訴えるというていのもので、大きく問題提起をする魅力にも乏しかったと、考え直してもいるところである。

それからのわたくしの仕事は、一方に古代東北史を、南は東国に結び、北はエゾ地につなげて、日本史の成り立ちを、東日本・北方日本から見直していく理論史学にすすむとともに、他方で、平泉という独立の政治都市・文化都市をはじめて起こして、奈良・京都と異なる第三の都の観念を地方に具体化して、これを鎌倉に手渡して、公家から武家へ、西から東へ、古代から中世への変革をなしとげる上での藤原三代の持つ役割を「平安と鎌倉の間」に位置づけるという、かなり大胆な史論に向かい、今日にいたっている。

清衡《きよひら》・基衡《もとひら》・秀衡《ひでひら》ら北方の王者たちの、ほんとうの英雄的な魅力は、日本史上にこのように、実験的ですらある創造をもたらしたところにあるのではないか――

これが『奥州藤原氏四代』以後の「続藤原氏」観なのである。

見かたによっては、清衡・基衡・秀衡という人たちは、日本史上、最高の立志伝中の人たちと言えるかもしれない。エゾの系譜につらなるとされていた人たちが、地方自決の自治王国を成しているからである。彼らのような東北統治は、桓武天皇も田村麻呂もおよびえないところであった。

奈良・京都の外のミヤコ。それは日本の歴史では、頼朝が鎌倉幕府を開いて、はじめて具体化したと考えられているのであるが、実は、それから百年前に、平泉がモデル的に実験していたところであった。そうであれば、藤原の始祖たちには、頼朝の先祖という性格もあるわけである。

平泉の都市は、頼朝の鎌倉などより、数等上の文化都市であった。金色堂など、摂関の豪富をもってしてもなしえなかった豪華文化であった。皆金色というのである。そうであれば、清衡・基衡らは、半世紀以上前の清盛ということにもなろう。平家文化というのは、大半、院や摂関の文化に寄生したものである。平泉の王者たちの文化は、彼ら単独のものである。平家以上と言うこともできる。

中尊寺を営み、毛越寺《もうつうじ》を建て、無量光院を造立する藤原氏には、その皆金色の華麗によって、みちのく此土浄土《しどじょうど》を実現しようとする政治の夢のようなものがあった。そうであれば、これは、法隆寺に理想を託した聖徳太子、東大寺や国分寺に生涯を賭けた聖武天皇らのユートピア思想のようなものにくらべて考えるべきものでもある。

源平交替期、平家・木曾・頼朝が鼎立して、火が出るような、はげしいつばぜりあいの国争いを演ずる間に介在して、第三勢力として展開する三代秀衡の外交は、あざやかだった。秀衡麾下の奥州軍の精鋭がどう動くかによって、大勢は決する。三者三様の思い入れで、台風の目のように、北方の王者の動きに注目していたのである。

平家はその参戦を勝ちとろうとして奥州在地の人には前例のない陸奥守というエサでこれを釣り上げようとした。儀礼上、秀衡が「すぐ軍勢を引き連れて、白河関から打って出る」と返答しただけで、平家はもう勝ったと喜んだとあるのである。しかし、秀衡は、静かなること林の如く、平泉に音なしの構えにとどまったままだったのである。ただし、その厳たる武装中立は、鎌倉を牽制するに十分であった。秀衡在世中、頼朝はこれに備え、鎌倉に釘づけにされていたのである。

古代と中世の間の地方の歴史を、この藤原氏のように、彫り深く、かげりも深い歴史に生きぬいた群像はいない。この人たちの伝記は、日本史におけるさまざまな可能性を、実験的に実践した二枚目たちの名優の歴史として、限りない興趣をそそってやまないのである。

（『日本歴史』別冊（伝記の魅力）〈一九八六年十一月〉より収録）

コラム　平泉落城の一日

平泉陥落。文治五年（一一八九）八月二十二日。もう八百年以上前のことになる。四月に閏があったから、八月下旬は、もう晩秋のたたずまいだった。この日は、はげしい雨が降り、暴風が荒れていた。

藤原氏四代。百年の栄光は、その嵐の中に滅び去ったのである。

それも、古くは前九年の役、安倍氏厨川柵《くりやがわのさく》（盛岡市）の滅亡のように、ないし近くは平家壇浦《だんのうら》（山口県）の滅亡のように、一族こぞって戦い、刀折れ矢つきて、しかるのち全員玉と砕け散ったというのであれば、武門としても本望ということができたかもしれない。

しかし、これはそういう最期ではなかった。敵が平泉をおとしいれたのではなかった。平泉の総帥藤原泰衡《やすひら》は、敵軍が迫る前にこの城から落ちのびて、平泉はもう無主の都になっていた。鎌倉軍は無血入城するのである。

だから、平泉は、前日の八月二十一日、泰衡がここを落ちのびたとき、もう落城していたのである。すなわち、平泉をおとしいれたのは、敵頼朝ではない。実に当の泰衡その人だったのである。

平泉滅亡の救いようのない悲しみは、そこにあったのである。

泰衡には、鎌倉と断固戦って、平泉の独立を死守するという考えなど、まるでなかった。そこを見越して、頼朝は、真綿で首を締めるように、じわじわと泰衡を締め上げた。義経を殺し、弟忠衡《ただひら》まで攻め滅ぼして、それでも足りないと責められ、しまったと思ったときは、もう遅かった。頼朝が起《た》ち上がった時は、勝敗はもう決していたのである。

伊達《だて》（福島県）と刈田《かつた》（宮城県）の郡境、阿津賀志《あつがし》山での緒戦の攻防が、事実上、平泉の役の天王山（勝敗の岐路）になった。その後の平泉軍は、ほとんど組織軍隊としての統制を失い、個別の抵抗を各個に撃破されて、退却を続け、八月二十一日、平泉最後の防衛戦を、栗原・三迫《さんのはざま》（宮城県栗原郡）に戦うことになるのであるが、いくさにならなかった。松山道という平泉街道を進んだ頼朝の本隊も、前線の津久毛橋《つくもばし》に到着、平泉軍は総くずれになって、北に逃れた。

鎌倉軍の侍大将は、かの梶原平三景時だった。その子の源太景季《かげすえ》・平次景高・三郎景茂ら、みな軍に従っていた。この者たちはそろって風流のたしなみがあって、頼朝のお気に入りだった。大軍が白河関を越えるとき、頼朝から「能因法師の、秋風ぞ吹く白河関とよんだ古歌のことを思い出さないか」と声をかけられて、源太景季は、即座に「秋風に草木の露を払はせて君が越ゆれば関守もなし」と詠み、頼朝の御感にあずかっていた。ここ津久毛橋では、平次景高が即妙にしやれ歌を一首献じた。「陸奥《みちのく》の勢《せい》は御方《みかた》に津久毛橋渡して懸けん泰衡が頸《くび》」。津久には（御方に）付くのこころが、また渡すには、橋を渡すに頸を渡す（はりつけにする）のこころもかけられている。この戦いが、平泉防衛の最後の攻防になることは、敵味方とも知っていた。その攻防戦を、鎧袖一触《がいしゅういっしょく》に完勝したのである。あとは、平泉入城、泰衡梟首《きょうしゅ》あるのみ。梶原の狂歌は、そういう勝利の祝い歌だったのである。

平泉側にだって、望みはまったくなかったわけではない。北走する泰衡には、数千の軍兵が従っていたとある。今日の宮城・岩手県境の東部海岸よりには、泰衡の弟、本吉《もとよし》冠者《かじゃ》高衡というのが、満を持《じ》してひかえていた。盛岡市の南、志和（紫波）郡には、一門の大族、樋爪《ひづめ》俊衡の一族が比爪館《ひづめだて》に拠って、平泉後の戦いに備えていた。それらを糾合《きゆうごう》すれば、遠来の鎌倉軍を、手もとに引きつけておいて、思い切りたたきつける余地は十分あった。少なくとも一泡吹かせることぐらいは、りっぱにできたはずである。

いや、東北は古来、一騎当千をもって称された命知らずの勇者の風土である。その気にさえなれば、わずか五十人、百人でも、五日か十日ぐらいは守ることができたはずである。そうなれば、後詰の援軍も続々到着しただろう。籠城の構えは十分にとれたはずであった。

追撃にかかった鎌倉軍も、平泉ではかなりの抵抗があるものと覚悟していた。その平泉到着が二十二日申《さる》の刻（午後四時）であったことで、十分な態勢をとっての平泉入りだったことが推察されるからなのである。

それが常識だったのである。しかし、そうならなかった。この時、この所でこそ平泉の主は猛将になって、獅子奮迅のはたらきを見せるべきだったのに、その場面はなかった。死守すべき百年の城は、落とされる前に、もう落ちていたのである。

平泉のうらみは、敵将に向けてあったのではない。守将の守りにならない守りにあったのである。

平家の都落ちも悲しかった。しかし、平家には先があった。平家は、いさぎよく最後の戦いを戦うために、都をすてたのである。かれらには壇浦があった。だから、その都落ちは、悲壮ではあったが、悲惨ではなかった。武士の名誉が、かれらの落ちゆく先にあったからである。泰衡の平泉落ちには、先がなかった。彼は、戦いから逃れるために、平泉をすてた。ただその身を全うしたい一心から北に走ったのである。その先には、頼む郎等の裏切りによる憤死が待ちかまえていた。

武士道無情。そういうよりほかないのである。

暴風雨の中、濡れ鼠のようになって、泰衡は、百年の都をあとにした。それが平泉の最後だったのである。

いっそうあわれでならないのは、この敗将の胸のうちである。かれの最後の心残りだったのは、その館が敵将の手に落ち、宝庫の金銀財宝が敵の所有に帰することであった。かれは郎等をやって、居館・高屋・宝蔵に火をかけてみな焼きはらってしまったのであった。

これが、あの平泉の最後だったのである。平泉は、その主によってとどめを刺されたのである。三代の金殿・玉楼は、こうしてその栄華を失ってしまった。金銀・宝玉の貯えも、そうして、一時の灰と化してしまったのである。戦火に焼け失せたのではない。敵の手に渡るのをねたむ心によって、焼き滅ぼされてしまったのである。

成仏できない平泉のあわれは、そこにあるのである。

「平泉落つ」。その感慨を、鎌倉側の記録『吾妻鏡』は、こう述べている。「倹は存し、奢は失う。誠に以て慎むべきものかな」。平泉もつつましやかに、その分《ぶん》を守っておれば、こういう滅びかたをすることもなかったろうに、あんな奢りかたをしたので、ついに社稷《しやしょく》（国家）を守り抜くことができなかったのだ。そういうことであろう。平泉が倹素に徹しても、はたして、その社稷を存続することができたかどうか。これは疑問である。

にもかかわらず、このことばは、歴史の大きな没落を弔うことばとして、貴重である。ここでは、平泉は「奢」としてとらえられ、鎌倉の「倹」に対置されている。「奢」は、文化ということのマイナス評価である。「倹」は、質朴ということのプラス評価であろう。

平泉は、文化のゆえに滅んだ。

これは大変なことである。東北は、道の奥であり、エゾの国である。もともと、文化を持たない人たちが、文化を持つ人たちに、反文化の戦いを挑んで、問題をおこしてきたところと考えられてきた。それが、今はまったく逆に考えられているところに、平泉の意義があり、その滅亡の重大性がある。

平泉は文化だったのである。その熟《う》れすぎた文化のゆえに滅んだのである。この文化が滅んで、東北は、ふたたびもとの道の奥にもどることになるのである。どのように深い感慨が、この古都の落城に寄せられても、過ぎることはないのである。

思いは、占領軍の鎌倉勢もまた同様だった。

敵将はすでに落ちのびてしまい、館は煙と化してしまい、周辺数町の間は、寂としてまったく声もなく、三代の跡を伝えた城郭も、今は滅び去って、空しく郭土を残すのみである。

べもない。

颯々《さつさつ》と吹く秋風は、幕舎に響き渡るけれども、蕭々《しようしよう》（しとしと）と降る秋雨は、窓を打つすべもない。

『吾妻鏡』は散文的な叙事の記録である。そこにすこし気取った文章がはめこまれたものだから、すこしく落ちつかないところもある。しかしそのような散文の心にも、じっとしておれない歴史の感動がゆれ動いているのを見て、今さらのように「国破れて山河あり」の感を禁じえないのである。

平泉滅亡の中で、思わず天を仰いで長大息を禁じえないのは、北に逃れる泰衡が、人をこっそりやって頼朝に提出した哀訴状のことである。平泉入りして、泰衡のゆくえを探索している頼朝の宿所に、一封の密書が投げ込まれた。泰衡からのものであった。

義経をかくまった罪で、こういう仕儀になったが、義経は父秀衡がかくまったもの、自分はまったくあずかり知るところがない。しかも父が亡くなったのち、ご命令により、これを誅伐した。だから、これは手柄を立てたはずなのに、逆に罪なくして征討にあう理由がわからない。こうしていいわれない征討により、三代の居館まで失い、途方に暮れている。奥羽両国はもうご支配になられたことだから、自分もご免を蒙って、御家人のうちに召しかかえていただきたい。それがかなわぬとあらば、せめて死一等を減じて、流罪にとどめてもらえまいか。お返事を待つ。

これが、平泉の歴史を終える者の最後のことばであった。これではとても平泉の名誉ある独立を全うすることはできない。ということになれば、秀衡死の文治三年十月二十九日をもって、事実上の平泉最後の日とすべきものかもしれないのである。

（原題「平泉陥落の日の奥州藤原氏の一日」、『歴史読本』三一巻四号〈一九八六年二月〉より収録）

Ⅱ　その権力を探る

1　藤原政権の権力構造

平安時代の末葉、約一世紀にわたって、東北一円の実質支配を実現した平泉藤原氏の問題は、古代末期の歴史において、少なからぬ意義をもった。そのおおよそについてはすでに『奥州藤原氏四代』において述べておいたから、ここでそれをくり返さない。その序章の中で、筆者は、次のようなことを述べておいた。平泉政権の成立とか、平泉文化の形成とかいうことは、蝦夷の国という古代の歴史的風土性からながめてみると、いわば、歴史の外にあるものが歴史の内へと成長したことを意味する、それは、構造的な変革を意味しなければならないだけに、一朝一夕にして成るというような性質のものではない。平泉政権とその文化の達成しているものが歴史的に重要だということになると、その内容が何であるかということにおとらず、そのようなことが、どのようにして可能であったかを明らかにすることが、同じようにたいせつな意味をもつ。だいたい、そのような趣旨のことであった。

ここでは、そのような視角から、平泉政権を成立せしめるにいたるまでの古代奥羽の政治史を、その内がわから、つまり在地の族長制の歴史としてたどり、そのような政治もしくは権力のもつ構造を分析しながら、その性格を、できるだけ法則的にとらえようとするのである。藤原氏支配の問題は、藤原氏だけのこととしてでなく、先行の安倍氏・清原氏の支配にもつらねてとらえ、これを古代奥羽における在地族長制形成の歴史に結んで理解して、はじめてその歴史的性格も明らかにされてくると思う。ところで、古代奥羽の在地族長制ということになれば、それは何らかの形で、蝦夷の族長制の系譜にも結ばれざるをえないであろう。こうして平泉政権の成立史の問題は、蝦夷の族長制から安倍氏・清原氏のような在地の政治領主制への歩みをたどるところから始められねばならない。

俘囚族長制の歴史的性格

藤原清衡が天治三年（一一二六）、中尊寺の落慶にさいして奉納した供養願文《くようがんもん》には、じぶんのことを「東夷《とうい》の遠酋《えんしゅう》」とか「俘囚《ふしゅう》の上頭《じょうとう》」とか言っている。これは藤原氏もまた、歴史的に蝦夷族長の後裔であることを言ったものである。ところで『陸奥話記《むつわき》』には、安倍氏は、代々「東夷の酋長」で「俘囚《ふしゅう》」をひきいていたとあり、清原氏も出羽山北の「俘囚主」であったとあるから、これら三氏は、共通に蝦夷族長のある形態、つまり「俘囚主」もしくは「俘囚長」としての性格をもっていたということができるであろう。しかも、このさきで明らかになるように、この俘囚長の地位は、これら三氏の権力支配の原型を定める上で、基本的な役割をはたしている。すなわち、安倍氏の奥六郡支配権は、俘囚長領主権の固有の内容をなすものであり、清原氏も藤原氏も、それを継承して、奥羽の政治領主としての地位を確立している。そうすれば、これら在地領主制の形成にとって、俘囚長という形で、蝦夷の族長制の歴史につらなるということが、規定的な意味をもっていたことが知られるのである。

「俘囚長」とは何か。これは、古代政府が降伏した蝦夷、すなわち俘囚を統治するための末端機構として設置したもので、その起源は弘仁三年（八一二）にさかのぼる。『類聚国史《るいじゆうこくし》』巻百九十の俘囚部によると、諸国に移配された夷俘《いふ》が、朝制に遵《したが》わず、法禁を犯すので、その「教喩」と「捉搦《そくじやく》」のために「其の同類の中、心性事を了し、衆の推服《すいふく》する所の者一人を択《えら》び、置きて之《これ》の長《おさ》と為《な》す」とあり、翌年には、さらに、その夷俘長もしくは俘囚長の上に、諸国の介《すけ》已上の国司《こくし》を、そのための専当国司に任命している。陸奥においては、鎮守府胆沢《いさわ》城下の奥六郡が、その俘囚集団の主要定住地であり、したがって、俘囚長も、胆沢城の下級官人のような形で俘囚の統治にあたっていたらしい。出羽では秋田城下と雄勝《おかち》城下の二つに分かれていたらしく、清原氏は、雄勝城下の俘囚長であったのである。

しかしながら、ここで注意しなければならないのは、安倍氏や清原氏が、それにつらなった蝦夷族長制というのは、けっして、本来のままのものではないということである。それは、すでに、一定程度、令制化され、古代機構の一部としての性格をになったものである。にもかかわらず、それがまた、令制の機構の中に特殊な独立体制を残していた蝦夷の組織であったという点では、やはり、形を変えた蝦夷族長制であることも明らかである。俘囚長は、同類の中から、衆の推服するものが選ばれる点からすれば、古い族長制支配を、ほとんどくずすことなしに、令制末端機構の中にその権力を組織し直すことができたことが知られる。十世紀に入ると、俘囚問題は、だんだんに、その特殊性を失っていったろうことも想像できるのであるが、ここでは、そのような傾向だけが注意されてはならない。蝦夷の令内組織化は、一方においては、慕化つまり内民化をもたらすとともに、他方においては、支配機構の信託のもとに、その古代的独立化の可能性をも醸成してきた。古代国家の、地方政治からの後退は、その傾向をさらに強くうながしたのである。前九年の役・後三年の役などは、そのようにして形成された蝦夷族長制の、古代的に体制化された反乱として理解されねばならないのである。これまで、これら両戦役の理解のしかた、あるいは安倍・清原・藤原といったような在地族長家の権力の歴史的な位置づけが、古代史学の上でよく定まっていないのも、このような、古代辺境の特殊な発展のしかたを、方法論的に反省することがあまりなかったからだと思われるのである。

そのような方法上の欠陥が、重要なものを見落してきたことは、次のことからも知られよう。すなわち、安倍氏・清原氏・藤原氏の権力支配の原型が、共通に蝦夷の族長制支配にあったことはたしかである。「俘囚長」が「俘囚郡」を支配するという形式が、それを示しているのである。しかしそのことは、その権力の本質が、ましてその実質までが、単純に蝦夷族長制的なものであったことを意味しない。むしろ、それは蝦夷的なものを、一定程度、律令《りつりよう》制的＝古代的なものに修正し、したがって、その限りにおいて、蝦夷本来のものの一定形態の否定をとおして、はじめてそのような歴史化をもつことができたのであった。「俘囚長」というのも、それが本来の蝦夷族長であることをやめて、律令公権の一分身になることを意味したのであるが、そのような自己否定によって、たとえば「奥六郡の司」というような、事実上の連合郡司権をも公認され、逆に、それによって、蝦夷族長として独立した形では、そのような広域支配にまでいたりつきえなかった在地支配者たちも、機構をかりての蝦夷の広域支配を、半ば世襲的にさえ公認されることになるのである。だとすれば、律令制的な公権支配の原理を導き入れること、つまり、律令制的な支配のもとに入りこむことが、蝦夷の族長制の発展としても、一つの必要段階であったことがわかるであろう。

しかしながら、もし、その令制機構への編入が、蝦夷の独立の完全なる否定だけを意味したとすれば、それは、蝦夷族長制のそのような再生産の方向を生み出さない。そこに、蝦夷の族長制を、そのように、令制的な公権の中で、再生産していく特殊な歴史的条件を考える必要もおこるのである。律令支配の内部から、言ってみれば律令封建制とも名づけられるべき分権体制が進行して、その中から、中世にむかっての準備が、一般的に進行するのであるが、それに従って古い独立を部分的に下級権力として維持していた族長たちも、それを事実上は無制限な、規模も拡大された権力支配に前進させることができたのである。

このように考えると、安倍氏や清原氏などの権力支配は、蝦夷族長制の自生的な発展がもたらしたものというよりは、むしろ律令制的支配の内部的変化によって、外がわからそのような独立へと誘導されたという面が強いというふうにさえ考えられるのである。そして、このような事情が、古代末期の奥羽在地政権の問題の、一義的な理解を困難にする。中央的なものと辺境的なもの、古代的なものと中世的なものとの重層的な構成が、そこでの本質をなしているからなのである。以下その特殊な辺境の構造を、段階的にいくつかの類型に分けて考えていくことにする。

安倍氏の族長制

安倍氏の支配　安倍氏が、東夷の酋長の家がらであったことは、『陸奥話記』に記されているが、いつごろからそのような地位つまり俘囚長になっていたかはわからない。頼良＝頼時の父忠良、祖父忠頼などの時代から、安倍氏の威風は大いに振ったとあるが、のちに、前九年の役を平定した源《みなもとの》 頼義《よりよし》が、治暦元年（一〇六五）に政府に提出した奏状（『本朝続文粋《ほんちょうぞくもんずい》』第六）にも、前九年の役の始まる前、数十年の間は、六郡は蝦夷の虜掠《りょりゃく》するところになっていたとあるから、まず頼時の二、三代前あたりから、「威風大いに振い、村落皆服す」るようになっていたことはたしかであろう。そうすると、それは前九年の役（実は、永承六年＝一〇五一から、康平五年＝一〇六二まで、一二年間かかっている）が始まる半世紀ぐらいは前、つまりおそくも十一世紀はじめのころのことであろう。その支配は十世紀にもさかのぼるかと思われるが、それを確証するものはないのである。

安倍氏の出自も不明である。『続群書類従《ぞくぐんしょるいじゅう》』系図部の『安藤系図』では、孝元《こうげん》天皇―大彦命《おおひこのみこと》―安倍比《あべのひ》羅夫《らふ》に列なるものとされているが、『藤崎系図』では、神武天皇東征にさいして、これに抵抗した長髄彦《ながすねひこ》の兄安日《あび》というのが、安東浦《あんどううら》（津軽外が浜）に追放されて居つくようになった者の子孫というふうに解釈している。しかし、安倍氏についてのこのような系図づくりは、多く中世後期ごろの造作にかかるので、ほとんど信ずるに足りない。何人か安倍姓の国司もいるが、その土着したものの子孫である見込みも、まずないのである。

『陸奥話記』では、安倍氏の地位を、「六箇郡《ろっかぐん》の司《つかさ》」とも「東夷《とうい》の酋長《しゅうちょう》」とも呼んでいる。「東夷酋長」が「陸奥の俘囚長」の意味であることはいうまでもない。それなら、「六箇郡の司」とは、どのような地位であろうか。

まず、「六箇郡」ということであるが、それは「奥六郡」とも呼ばれた。『後三年記』には、安倍貞任《あべのさだとう》・宗任《むねとう》の先祖が、もとは、六郡の主であったのを、安倍氏が滅んだ後、清原氏がそれを継承したとあるのである。ところが、『吾妻鏡《あずまかがみ》』（文治五年九月二十三日）には、その清原氏の領土を藤原清衡《きよひら》が伝領したと述べて、その六郡として、伊沢《いさわ》・和賀《わが》・江刺《えさし》・稗抜《ひえぬき》・志和《しわ》・岩手《いわて》の六つを数えている。もっとも、同じ『吾妻鏡』でも、北条本は、岩手を岩井としており、吉川本《きっかわぼん》が岩手としているのであるが、これはもちろん、岩手でなければならない。この奥六郡の構成とその意義については、『奥州藤原氏四代』で詳細に分析しておいたので、ここでは必要な範囲内で、要点だけ述べておくと、六郡のうち、胆沢・江刺は内郡の北端で、胆沢城によって蝦夷を統治する基地となったところ、和賀以北四郡は、早く建郡をみたが内郡には数えないで、俘囚の定住地帯としたところである。俘囚長は胆沢城にあって、俘囚集団を統治したから、胆沢とその姉妹郡の江刺とは、他の四つの俘囚郡と結んで、俘囚長支配のもとの一ブロックを形成するようになった。鎮守府将軍が遥任《ようにん》となるとともに、俘囚長のもとに立つ六郡は、その固有の領土のようになっていった。この地帯は、もともと律令制的に開けながら、政治的には蝦夷の自治的な独立を認めていた土地である。それに加えて鎮守府の統治機構を、私的に利用して、これを俘囚領土の政治組織化のために転用しているのであるから、その権力が、高度の公権的な機能をもつようになったのは当然である。それが、長いこと、「奥六郡」というのが、在地族長政権の「渡領《わたりりょう》」のように継承されて、奥六郡支配において、奥州支配が正当化されていた理由なのである。

　さて、それならその「六箇郡の司」というのは、具体的にどのような支配権を意味したのであろうか。それは、六箇郡の郡司職を一人に兼ねたという意味であるかも知れない。和賀以北の四郡は、本来的な令内郡ではないのだから、そのようなことも可能であったかもしれない。胆沢・江刺は令制の内郡で、胆沢城もその中に包まれる。郡司権をこのようにいくつも統合したような上級郡司職というのは、国の中に国をなす性質のものであったことを注意しなければならない。古代では、二郡で国が可能であった。六郡なら優に一国を成しうるのである。その範囲の支配権が郡司権に型どって公認されていたのは、俘囚長の地位が鎮守府在庁としての公権の一種とみなされていたからにほかならないのである。安倍氏はこの「奥六郡」支配にとどまっている限りにおいては、その領主権は、六郡総郡司権として、合法的なものと考えられていた。こうして『陸奥話記』が、安倍氏の支配が「漸く衣川《ころもがわ》の外に出」たことをもって、反乱の開幕というふうに扱っているのは、きわめて興味あることと言わねばならない。ふつうは、安倍氏の奥六郡の支配そのものが公領の押領であって、それが前九年の役の原因であるというふうに理解されているが、この考えは、かなり訂正を要する。奥六郡の支配は、当時は慣習的に合法な俘囚長支配に属していた。そこでの賦貢《ふこう》や傜役《ようえき》は、六郡内だけに限られている場合は、その「驕奢」が問題にならなかった。「衣川の外」、つまり、胆沢郡と岩井郡とを境いしている内外郡境の川を越えて、その固有の支配のほかに内郡にまで支配を拡大するようになって、その驕奢、つまり賦貢を輸さない傜役も勤めないというのが、さかのぼって非法とされ、したがって征討の理由とされるようになっている。だから頼時が恭順の意を表して、奥六郡の支配にもどると、鎮守府も国府も、その支配の制限や交替を考慮するというようなことを、まったくしていないのである。

すなわち、奥六郡総郡司権は、事実上の奥六郡国司権なのであって、そこにおける行政権は、実質上、安倍氏の領主権に委任されていたのである。したがって、奥六郡での一定程度の収取は、歴史的には正当なもので、ただ、その程度を越えた収取だけが不当であった。その点で安倍氏が衣川を越えての領主権を志向し、そのような情況のもとで、領主権の反政府的再編成の段階に入ったことが、前九年の役の原因だと考えられねばならないのである。それが、令制支配のもとで、蝦夷の支配も、その本格的な領土形成の段階に入るという意味なのであるし、古代において衣川という川が、二つの陸奥を境いする国境線として、注意されねばならない理由でもあるのである。安倍氏が、この衣川の左岸に政庁を構えて六郡を支配し、藤原氏はそれを南に越えてその右岸において奥羽両国を統治した。衣川に拠るというのが、奥六郡をとおして、陸奥一円に、あるいは奥羽全域に拡大するという意味あいをもっていたことが、これでよくわかると思うのである。

安倍氏支配の問題点　安倍氏による族長制的支配のもつ歴史的性格については、次のようなことが考えられる。

(一)　それは、蝦夷社会に形成されつつあった政治的諸関係、とくにその族長制が、律令支配機構の機能をその中に吸収することによって、史上にはじめて、一つの独立した領土をもって成立した「蝦夷の国家」である。それは、蝦夷の族長制が否定的に律令権力を継承することによって成立したものである。

(二)　奥六郡によるその総郡司支配は、一種の中間的な国司権の成立を意味するが、しかし、それは坂東その他に見られたような古代集権国家の地方的分化形態と同じような性質のものと考えられてはならない。たとえば、将門《しょうもん》の乱などについては、一つの集権国家からの、王権の地方的独立というようなことも考えることができるのであるが、ここの場合では、六郡は、その大部分が外郡として古代国家の外からそれに結びつく形をとっていたのであるから、それは、まだ一つの古代国家を形成していなかった地域の、古代的な独立という性質のものである。それが、「俘囚の国家」ということである。蝦夷のがわの政治化の努力と、律令政府のがわの内国化の努力とが、蝦夷の政治化のがわにおいて総合されたのが、この「俘囚の国家」の成立であったのである。

㈢　安倍政治の成立によって、北方における古代末期の族長制権力は、その原型を定めることになる。それは、まず第一には、この次の清原氏も、さらにそれをうける藤原氏も、ともに安倍氏と同じように、奥羽の俘囚長としての族長制の系譜につらなっていること、第二に、これらの支配は、すべて奥六郡をその固有の領土として成立していることから立証することができる。とくに藤原氏のように、奥羽の支配権を完全にその手中におさめた段階でも、その固有の支配は奥六郡に限られると理解されていたことは、興味のあるところである。それは、安倍氏の支配につらなることが、藤原氏支配の本質であったことを示しているのである。すなわち、安倍氏支配の成立は、清原氏・藤原氏と続く古代末期奥羽在地支配の原型の成立を意味していたのである。

㈣　安倍氏・清原氏・藤原氏の継起する三つの在地族長支配は、その権力を反集権主義的に組織する過程において、それぞれ、前九年の役・後三年の役・平泉の役をひき起こしている。その戦争は、すべて源家の棟梁《とうりょう》のもとに結集された東国武士団によって打倒され、そのような戦いを通じて武士団の全国的な組織化が強められ、中世主義も確かなものになっていった。そのためにこれらの戦争は、ほとんどいつも、東国の武門政権樹立のための踏み台のように考えられて、戦争をひき起こす現地勢力の内がわの歴史的事情だとか、ましてその権力の成りたち・構造というようなものを、それ自身として明らかにする研究はまったく行なわれてこなかった。そのようなとらえかたにおいては、三つの権力は、同じ性質のもののくり返しのように、というよりも、辺境の抵抗勢力一般として、何か一定不変のものでもあるかのように考えられがちであった。しかし、この三つの政治形態の間には、俘囚の族長制という共通の課題を、それぞれの段階において、発展的に刻んでいこうとする漸進的な発展の方向がみられる。そこには、不正規ではあるにしても、俘囚の族長制の歴史としてみた場合には、それなりに、その政治化の方向を、部族国家的なものから、古代的、さらに中世的なものにおしすすめていく傾向も指摘されるのである。俘囚族長制の歴史として、相互にどう区別しあっているかを、ここでは注意しなければ、辺境の歴史を叙述することができないのである。

安倍氏権力の規定　『陸奥話記《むつわき》』などによって確かめられるところでは、安倍氏の権力は、極度に同族共治的な構成をとっていた。六郡の要所要所には、軍事的な目的に、かなり政治的な意味をもかねた「館《やかた》」もしくは「柵《さく》」を構えて、ここにその正系親族を配し、分封的な軍政体制をとっていたのである。すなわち安倍氏の嫡宗家《ちゃくそうけ》は、衣川館にあって鎮守府を南から扼《やく》し、内郡からの攻撃にみずから南端で備え、同時に南進の態勢を構え、また貞任は、厨川柵《くりやがわのさく》に最北の岩手郡を、宗任《むねとう》は鳥海柵《とりみのさく》で胆沢城の北をおさえ、正任《まさとう》は黒沢尻柵《くろさわじりのさく》で和賀郡を守るというふうであった。このほか、僧良昭《りょうしょう》・重任《しげとう》・家任《いえとう》・則任《のりとう》・真任《まさとう》などというのも、すべて、そのような正系の軍事指導者たちで、同時に各地の領主として、六郡の分割統治にあたったのである。

そのほかに、藤原経清《つねきよ》や平永衡《ながひら》というような、女婿《むすめむこ》として正系に準ずる一族もいた。永衡は、国司に従って下向して、安倍氏に投じた人であるが、経清もまた亘権守《わたりのごんのかみ》とか権大夫《ごんのだいぶ》とかいわれているところをみると、おそらくそれと同じように、国司の従者として下向し、在庁官人のようになって土着し、安倍氏と結ぶようになったものであろう（現にそのことが明らかになっている）。

もし、そうであったとすると、このように中央から下向したもの、あるいは在庁官人などを、その権力機構の中に組織していることは、のちの平泉政権のありかたを理解する上からいっても、かなり重要な意味があることのように思われるので、この政治形態が、歴史的に古代国家の伝統を、否定的に継承している面も、そこには認められてよいと思うのである。

経清や永衡に準ずる、傍系親族とも称すべき遠縁の同族指導者たちが、その外がわに立っていた。安倍姓のものもいるが、そのほかに藤原・平・物部《もののべ》・金《こん》などという人たちもいる。彼らは、安倍氏の一族とも腹心とも郎従とも称されていて、本来的な意味における同族ではない。しかし、彼らの大部分は、何らかの形で安倍氏と婚姻その他の形で縁故関係に結ばれ、広義の同族集団を形成していたと考えてよいようである。というよりも、同族的な外貌をとることによって、このような政治形態のもとでは、はじめて彼らも、指導者層を形成することができたと言った方がよいかも知れない。

いったい、八世紀や九世紀はじめころまでに形成されていた蝦夷の族長たちの「くに」は、「村」というふうに表現されている。それは、蝦夷にとって、いわゆる「邑《むら》国家」の段階であったと言ってよい。日本史上、部落国家と呼ばれているものにあてて考えてよいが、その領土が、一様に「村」と表現されているところから、これを「村国家」というふうに呼びかえておこう。九世紀初頭のころには、そのような部族の国家が、相互の対抗関係から、だんだんに、その連合形態にすすむような状態も指摘できるのであるが、その段階で、この部族連合も、政治的な独立を失って、普遍国家の地方組織の中に改組されてしまったのである。しかし、その支配の原型は存続し、やがて、普遍国家のもとの支配機構をも逆にその中に組織し直した政治形態を、現地に出現せしめるのであって、それが安倍氏による支配形態である。

安倍氏のもとで、明確にされた政治形態の特徴は、まず、それが一つの軍事的な防衛集団としての形式をとって、それに政治支配をも重ねていること、第二に、同族の集団統治体制の原則の上に立ちながら、これを分割統治とその連合という形式に組織していることにある。それは、古い村国家もしくは部族国家の体制を、一つの分封的な領土国家に組織したものであって、アジア的な古代封建体制と呼んでよいかと思う。辺境の発展段階としては、大和国家における同族連合的な王権の段階に対応するものと考えておいてよいかと思われる。

清原氏の権力段階

『陸奥話記』によると、清原氏は出羽山北《せんぼく》の俘囚主とあるから、これも俘囚の族長である。けれども、清原系図はもちろん、これを中央の清原氏と同じく、天武天皇の後裔ということにしてあり、『陸奥話記』にも、清原武則のことを真人《まひと》と呼んでいるから、清原氏を「皇別」とするのも、あるいは成立するかも知れない。このころには、清原姓で、武人として名をえていたものもあるので、出羽に国司として下向したことなどもある清原氏の子孫であったというようなこともありえないわけではない。しかし、『奥州後三年記』にも、「武則えびすのいやしき名をもちて、かたじけなくも鎮守府将軍の名をけがせり」とあるところをみると、清原氏も、その出自のいかんにかかわりなく、要するに蝦夷の族長家として考えられていたのである。この際もやはり安倍氏と同じように、在地の大族長が中央貴姓を仮り用いたものと理解すべきであろう。

さて、前九年の役と後三年の役とは、さきには安倍氏、あとには清原氏というように、似たような在地の大族長によってひき起こされ、どちらも源氏によって討平されていることから、この二つは、ほとんど同一の性格の内乱のように考えられがちである。しかしながら、この二つの戦いの間には、かなり大きな違いがある。そして、それは、この戦争をひき起こし、またこれを戦う二つの族長制の間の違いでもあったのである。

まず、前九年の役は、はじめから安倍氏の律令支配体制に対する挑戦として始まった。したがって律令政府は、その鎮定を国司に命じ、その討平に対しては、論功行賞をもって、それに報いたのである。

ところが、それに対して後三年の役は、まず、清原氏一族の中の内訌《ないこう》という形で始まり、国司がそれに私的に介入することによって、反乱という形にまで発展する。しかしそのようになっても、その反乱は、公的に律令国家への反抗として認められることがなかった。陸奥守源義家が、苦戦の末この乱を討平しても、政府はこれを「わたくしの敵」つまり私戦とみなして、官符も下さなければ、恩賞も行わなかったのである。

この戦争が、本質的に私戦であったことは、政府がわが、これを「わたくしの敵」とみなしているだけでなく、当の義家自身が、その軍状報告の中で「わたくしの力をもって、たまたまうちたいらぐる事を得た」と言っていることで、明瞭であろうと思う。『後三年記』のような戦記物にだけ、そのような書きかたがなされているのではなく、この当時の政府首脳の日記、たとえば『後二条師通記《ごにじょうもろみちき》』とか『中右記《ちゅうゆうき》』などを見ても、この合戦にはひどい疑惑の目が向けられており、義家をはじめ、義綱・義光など、源家一門が、かえって危険視されている様子がわかるのである。

そのように戦争の発端が、清原氏内部の「内訌」にあり、それを大乱に発展させたものが、源氏の「わたくし」の武力介入であったとすると、いったい清原氏の内部には、戦争によらねば解決できない、どのような内部的矛盾がすすんでいたのだろうか。それは、源氏の武力介入以前のものだから、純粋に在地的な事情にもとづくものと考えなければならない。また、源氏が、それに政府の疑惑をもおし切って武力干渉したのは、どのようなわたくしの理由によってであろうか。

そのような、それぞれの意味での「わたくし」の事情こそ、後三年の役の本質理解につらなるものなのであって、前九年の役との違いを解き明かす要因でもあるのである。

『後三年記』、およびそれに欠けている記事を、室町時代になって補った意味をもつ『中原康富記《なかはらやすとみき》』によって、この乱の経過を分析してみると、そこにはいくつかの段階があったことがわかるのであるが、その各段階が、清原同族間における嫡宗支配をめぐる内訌の発展段階として規定できる点が注目されるのである。

この戦乱の第一段階は、清原氏の嫡宗真衡《さねひら》が、清原氏内部の同族集団的政治体制を、嫡宗中心の集権的従者体制に編成がえしようとしたのに対して、同族吉彦秀武《きみこのひでたけ》が抵抗する段階である。

第二の段階は、秀武の勧誘に応じて、真衡の弟である清衡・家衡もまた、この嫡宗集権体制に抵抗してたちあがる段階であって、内訌が全同族的な規模に拡大しようとする段階である。

第三の段階は、嫡宗家がたくみに国司公権と結んで、同族たちの抵抗を抑圧したために、清原一族の反嫡宗同盟が、一時くずれてしまう段階である。しかし、この過程で真衡が頓死し、その遺領が清衡・家衡に二分されて、今度は清衡・家衡間の嫡宗争いが起こっているから、この段階は、清原氏の嫡宗集権体制をめぐる争いが、新しい形で再編成された時期といってよいであろう。

第四の段階は、この内訌に源義家が積極的に干渉して、清原氏に対する源氏棟梁権の指導性を確立しようとしたのに、武衡・家衡らが対抗して、清原の族長権をそれに対置し、ここに源清両氏による領主権の抗争に入る段階である。しかし、この過程でも清衡はやはり義家とともにあったから、清原氏内部の権力闘争という動因は一貫している。

そのようにはげしい内訌を生み出した清原氏内部の新しい矛盾とは、いったい何であったか。『後三年記』は、吉彦秀武について、彼は清原武則の母方の甥で、かつその婿であって、前九年の役には「三陣《さんじん》の頭」に定められた同族の一人である、ところが、真衡の威徳が父祖にすぐれ、一家のともがらが、多く「従者」となって、秀武も同じように「家人」のうちに催されて「主従のふるまひ」をするようになった、それを「やすからぬことなりとおも」って、ここに真衡に対する抵抗が始まり、大きな戦争に発展していった――そのように伝えているのである。

これによれば、清原氏もはじめは安倍氏と同じく同族支配的な結合様式をとっていたこと、それが武則―武貞を経て、真衡の代になると、同族が横に並ぶそのような集団支配の段階から、嫡宗家による専制的な単一支配、秀武の従属のしかたからすると、家父長制的従者制支配に移行しようとしていることが知られる。物語は、同族についてだけこのことを語っているのであるが、それはいうまでもなく、清原支配における家父長的家人制形成の、異なった形での話柄《わへい》なのである。そして、このような形での嫡宗専制＝家父長体制の形成が、政治を直接に規定しているところをみると、清原氏の権力は、古代的に家父長体制を組織しようとしていたものと言ってよいであろう。その中世的ともみられる従者制も、本質は家父長制的隷属に型どっているのである。

『後三年記』に言うとおり、吉彦秀武は清原同族支配における有力な支柱の一つであった。前九年の役に、清原光頼・武則たちが「子弟万余人」をひきつれて、陸奥国に越え来り、頼義の征討軍に参加した時の部署は次のようであったと『陸奥話記』は伝えている。

一陣　清原武貞（武則の子）

二陣　橘　貞頼（武則の甥）
三陣　吉彦秀武（武則の甥、その聟）
四陣　橘　頼貞（貞頼の弟、武則の甥）
五陣｛一陣　源　頼義
　　　二陣　清原武則
　　　三陣　国内官人
六陣　吉美侯武忠
七陣　清原武道

この政府軍の構成をみると、清原軍がその大半を占めていることがわかる。大森金五郎氏（『武家時代の研究』二巻）は、征討軍は大部分「清原氏の部下」をもって組織されているといわれたが、ここでは、その部下の支配組織がさらに注目される。なぜなら押領使のほとんど全部が清原の直系親族たちであり、かつ、彼らが集団的に清原氏の権力をになっていたらしいことがわかるからである。もっとも、六陣の吉美《きみ》侯武忠《このたけただ》と、七陣の清原武道の嫡宗家との関係は示されていないが、まず、武道が武則の子弟もしくはそれに近い親族であろうことは、ほぼ疑いのないところであろうし、また、吉美侯は「きみこ」で、吉彦と同じであるらしいから、武忠は秀武の一族であり、したがって、これまた武則の親族にあたるものと考えられるのである。

したがって、清原軍は文字どおりにその子弟によって、指導されていたことになる。武則のひきいたこの万余の軍勢が、清原軍の主力をあげたものであることは明らかであるから、その権力もまた、同族主義的な構成をもち、この段階では、安倍氏の場合とまったく同じようになっていたと考えておいてよいのである。

そうすると、武則のころから武貞を経て、真衡を迎えるまでの時期、というと、十一世紀の六〇〜七〇年代の間に、清原氏の権力構成は、同族制的集団支配体制から従者制的嫡宗支配体制へと、急激な成長をとげていたことがわかる。それは、前九年の役を戦いぬいた安定のもとで、在地の族長支配とその国家の中に、飛躍的な発展がおとずれてきていることを示すであろう。それによって、在地族長国家としての本格的な古代段階、専制的な権力組織の段階が到来したのであった。

本格的な古代段階、と言ってもやや不正確である。しかし、まず前九年の役の論功行賞がどうなっているかを考えてみよう。武則は、その行賞では従五位下鎮守府将軍に任ぜられた。このときの恩賞では、頼義は正四位下伊予守、義家は従五位下（上ともいう）出羽守であった。だから、形式の上でも、武則と義家は同格で、実質上は武則が上格という扱いになっていた。というのは、当時、鎮守府将軍は、多く陸奥守が兼ね、かつ、奥羽を通じての最高の軍政官であって、武将の地位としては、出羽守よりも名誉とされていたからである。その上に、清原氏のような在地族長が、そのような令制内の地位をえることは、事実上、奥羽の軍政権を、一身に集中することを意味したのであった。それに令制上の職権としてではないが、清原氏は、安倍氏の旧領地奥六郡をも併せ領することになったから、鎮守府将軍という公権には、奥羽にまたがる広大な領主権もともなっていた。そのように、古代官僚としての地位に在地族長としての領主権をあわせれば、源氏の国司権や武門の棟梁権《とうりようけん》にも対抗できる体制上の条件がととのったということも、ほぼ明らかであろう。

このように、古代律令制権力として、その族長制を体制的に組織することができたということが、まず、この権力が古代権力としての段階に到達したという意味だと考えてよいと思う。俘囚長としての安倍氏や清原氏が、その強大な権力をもってしても、この族長権・領主権を、古代権力として組織することができなかったのは、そのような俘囚長権力なる形では、どのような律令制的加工を経ても、それが本性上俘囚世界のものである限界を越えることができなかったからである。鎮守府将軍という地位につくことによって、清原氏は、その保有する事実上の権力を、律令的に正規な権力として合法化することができた。こうして、俘囚体制の古代体制への移行が形成的にもととのってきたのである。

武則が、この地位にどれだけの期間在任したかはわからない。しかし、安倍氏の例をみてもわかるように、奥六郡の領主権を継承すること、それ自身が、鎮守府の在庁支配権の掌握を意味したのであったから、いったん、在庁責任者の手に握られたその地位は、形式的にその任を去った後も、依然として事実上の存続をみたものと思う。のちに、平泉藤原氏がそうであったので、秀衡は、形式的にはその任を去ってしまってからも、ずっと鎮守府将軍の任にあったかのように『吾妻鏡』などでは書かれている。清原氏のもとでの、権力の古代化ということも、そのような公権に媒介されて、その体制化をかためたのであった。

清原氏は、後三年の役をひきおこす真衡の代にも、鎮守府将軍の任についているのではないかと思われる。『平安遺文《へいあんいぶん》』（九の四六五二号）によると、治暦三年（一〇六七）に陸奥守となって下向した源頼俊《よりとし》が、衣曾別嶋《いそべつじま》や閉伊《へい》七村の蝦夷を征討したことがあった。その論功行賞として、清原貞衡というものが、鎮守府将軍を拝したのに、大将軍として頼俊は、まだ朝恩をうけていないと訴えているのである。いったい、頼俊という人は、藤原基通というものが、頼俊にそむいて、国府の印鎰《いんやく》を奪った時も、その追討の功を、隣国下野の国守源義家に奪われている（『扶桑略記《ふそうりやっき》』延久二年八月一日・延久二年十二月三十日）。その追討が終わり、蝦夷の征討も終わって、斬首・捕獲があっても、時候が冬だとか、老齢の父の命が旦暮《たんぼ》知りがたいとか、口実を設けて、その京送をおくらせたりもしている（『朝野群載《ちょうやぐんさい》』延久三年五月五日）。これらから判断すると、頼俊は、衣曾別嶋や閉伊七村の賊の討伐も、おそらく副将軍だった清原貞衡にまかせっきりにして、その功だけを、みずからのものにしようとしていたのであったろう。そして、斬首や捕獲の蝦夷を明春京送するというのに不満だった貞衡は、単独で上京して、軍状を報告したのであったかとも思われる。そうでなければ、大将軍に行賞がないのに、部下にだけ恩賞があるはずはないのである。

貞衡が頼俊のもとの実質上の責任者であることは明らかだが、彼は中央から下向したものではなさそうである。この征夷は陸奥国の部内のものであるから、征討使として、特別に下向したのでないことはもちろんであるが、国府や鎮守府の官員のうちでもなかったらしいことは、かの頼俊の中文にも、ただ「清原貞衡」と呼び捨てにしていることから察せられる。そうであるならば、それは在地の族長で、しかも征夷の責任をにないうるものということになる。清原姓で、鎮守府将軍にも任ぜられるような資格をもつ族長家となれば、当然、武則の嫡系しかない。当時、武則の後は、真衡である。そこで、貞衡は真衡の誤りと考えてよいだろうと思う。『後三年記』に「真衡、威徳父祖にすぐれて、国中に肩をならぶるものなし」

とあるのも、そのようにして、公権による清原権力の体制化をさらに確実にした状態を言ったものと考えてよい。

もし、そのようだとすると、清原氏のもとでの権力の古代的組織化は、長期にわたって継続したことが証明されるわけであって、父祖三代にわたって、直接・間接をとわず、鎮守府機構をかりて、体制化されたこの在地権力が、俘囚権力としては、かなり正規に古代段階を実現したものであることは、いちおう認められてよいであろう。

さてそれなら、その権力の古代化というのは、内容的にはどのようなものであったろうか。『後三年記』の次のような記事は、それを理解する手がかりをあたえるものだとおもう。

真衡は子がないので、海道小太郎成衡というものを養子にして、常陸の多気権守宗基《たけのごんのかみむねもと》の娘が、源頼義との間に生んだ女子を、その妻に迎えた。饗応のために、当国・隣国の郎等たちは、大勢、日ごとに接待の役にあてられた。陸奥では、そのことを地火炉《じひろ》ついてと呼ぶ。いろいろな食い物だけでなく、金銀・絹布・馬鞍なども、持ち運ぶのである。出羽の一門、吉彦秀武も同じく家人のうちに催されて、その役をつとめた。さまざまのことを勤めた中で、朱の盤に、金をうず高く積んで、目の上にみずからささげて、庭に歩み出て、ひざまづいて、盤を頭の上にして、礼をつくして、お声がかりを待っていたのであるが、護持僧の奈良法師と、囲碁に夢中だった真衡は、ふり向きもしなかった。老の身で、このような勤めをしても顧みられないのを、なさけなくおもって、秀武は金を庭に投げ散らかし、持参の飯や酒は従者にあたえ、長櫃《ながびつ》などは門のかたわらにうち棄てて、出羽に逃げ帰ってしまった。真衡は怒って、これを討伐する。

この要約からはそう明瞭でないが、『後三年記』の文章は、中世的な理解で書かれている。だから、このような事実が、当時、このとおりの形で存在したというふうに考えることはできないが、根本にたしかなものを踏まえていることは、この本の成りたちから言って、まちがいないところであろう。

「一家のともがら、おほく従者」となったと言っても、秀武のように老齢の一族までも、金をうず高く積んで、「目上に身づから捧げて」歩み出で、「ひざまづきて盤を頭のうへにさゝげ」て臣礼をとらねばならないこの従者制は、極度に隷従的である。その臣礼のあり方を『後三年記』は「地火炉ついて」という儀礼として説明する。それは、陸奥国の古い慣習に根ざしたもので、「もろもろのくひ物をあつむるのみにあらず、金銀・絹布・馬鞍をもちはこぶ」饗応のことだとある。『大言海』は「地火炉ついて」は「地火炉次」であって、一般に饗応することだと解している。地火炉は土間に設けた火炉の意味であるから、「地火炉ついて」つまり「地火炉の儀」が、饗応の意味なことは確かであろう。ただこのような饗応のことは、『続古事談』《ぞくこじだん》（第一王道后宮）にも、「一条院御時、台盤所ニテ地火炉ツイテト云事アリケリ」というふうにあって、同じような饗応のことが、宮廷の行事としても記されているから、「地火炉ついて」そのものは、とくに「陸奥のならひ」というほどのものでなかったであろう。しかし、それが「もろ〳〵のくひ物をあつむるのみ」でなくて、「金銀・絹布・馬鞍」などまで貢献する儀式になっていたところに、それが特別に「陸奥のならひ」とされる理由があったと思うのである。

それだけでなかった。食い物の饗応のほかに、金銀・絹布などのような物を貢献することにあわせ、その献上のしかたそのものが、特別の隷従性をともなったものだったのである。一族の長老までも「朱の盤に金をうづ高くつみて、目上に身づから捧げて庭にあゆみいで、たか庭にひざまづきて盤を頭のうへにさゝげて」敬礼をしなければならないのが「陸奥のならひ」なのである。しかも、それは、主君に対して、その地火炉を守るもの、すなわち家内奴隷の奉仕に型どって強制されている。古い体僕奴隷としての身役奉仕が、一般の賦役・貢納の制度に合理化されていく方向が、そこには見える反面、すべての従者に対して例外を認めない直接的な人身賦役の考えが、いぜんとしてそこに残されていることも見落としてはならないのである。清原支配における「古代性」を、家父長制的な家内奴隷制支配に型どったものというふうに理解するのは、そのためなのである。

ただ、ここにはまだいくつか問題はあるだろう。というのは、安倍氏の場合にも問題のあったところであるが、清原氏の、そのようにととのった体制は、源氏という武士団と抗争する軍事組織でもあった。源氏のもとの家の子・郎等制が、どれだけ、封建制的な従者制としての条件をととのえていたかには問題もあるので、ここではそれに見合う程度には、形態上もしくは機能上の変化を、清原氏のもとの従者制はとげていたことを考えておく必要もある。初期封建制下にあっては、家人・所従・下人などという範疇が、従者制の原型をなしていたことからいって、その実態は、清原氏についてみたところと、そう異なったものでないようにも思われる。すなわち、いわゆる封建従者制の初期的形態は、濃厚に家父長的奴隷制に近かったのだから、源氏のもとの従者制の古代的性格を一方で考えるとともに、他方で、清原氏のもとでの古代的家父長体制のもつ、相対的に新しい機能上もしくは形態上の変化に注意すれば、二つの従者制は、単純に、一方は中世的で、他方は古代的であるというふうに、割り切って考えることができないであろう。そこには、一つの古代＝中世的なものの、相対的に中世的な形態と古代的な形態というように理解しなければならない面もあると、わたくしは考えるのである。そのような前提に立って、一方に封建制に適合する点を、そして他方には辺境的に特殊な発展の様相を、それぞれに評価するというのであれば、それには何ら異論はない。

嫡宗支配に向けての集権体制の強化は、他方で、それに対する同族たちの抵抗・独立への方向をも分派せしめた。それが後三年の役の発端にもなっていたのである。しかし、それが、権力集中の争いにおける嫡宗権の分裂で、同族主義維持のための争いではなかったことは、清衡と家衡が六郡を二分して支配し、それも安定しないで、最後はさらにより強力な統一をめぐって、二人が争っていることからも知られるであろう。源氏という外部の権力が導入されて、抵抗権力への破壊は徹底した。こうして、この戦役を経て、在地の族長集権体制は、いっそう強化されて、ここに勝者清衡のもとに、政権としての組織化が確立するのである。

平泉政権の権力構造

藤原氏支配の諸形態　藤原氏についてのだいたいの記述は『奥州藤原氏四代』に譲り、ここでは、そのうち、在地の族長制の系譜につらなる権力形態についてだけ、要約的にふれることにして、その他には多くふれない。

藤原氏の権力段階は、安倍氏・清原氏の族長制支配をうけて、在地としては、整然たる支配の体系を構成する段階にまで到達している。平泉政権というような言いかたをしておいたのも、そのような見地からなのである。すでに清原氏のもとで、権力の組織化は公権を媒介として、古代的な体制化をおしすすめていたのであるが、藤原氏のもとでは、その体制化は、規模も質も比較にならない前進をとげている。それは、とうてい北方の族長体制一般の中に解消することはできないのである。

しかしながら、他方、その成熟はまた、安倍氏以来、体制化されてきつつあったところの在地の集権的族長制の系譜につらなり、その伝統をうけ、これを拡大・深化して、その発展の延長線上にくるものでもなければならない。すなわち、この政権の権力構造を評価するにあたっては、在地の族長制の系譜につらねて、その古典的な体制化段階として規定しなければならない面と、律令国家・古代国家の権力体系の分肢として評価しなければならない面との二つの側面がある。ところで、そのような二つの側面の矛盾的統体としてとらえなければならないというのは、安倍氏・清原氏以来、在地族長制支配にとっては、一貫した性格であった。してみれば、平泉政権の権力構造の分析にあたっても、これを辺境の古典的集権体制という視角からとらえることによって、その二つのものの矛盾的調和関係もよく説明することができるであろう。

しかし、平泉政権の場合には、在地的なもの、中央的なものと単純に二つに分けて処理することのできない事情がある。清原氏の場合にも指摘しておいたのであるが、在地においても、中央においても、藤原氏がその伝統につらなり、その影響をうける権力形態は、大きく発展し変化してきていた。そのような諸関係の中で、藤原氏は、その大きな権力形成をもったために、そこには、さまざまな発展段階、もしくは権力諸形態が、重層的に積み重ねられて、権力の過渡形態・混合様式が、そこに示されているのである。

それらの権力諸形態も、機能する時には、もちろん、一つのものとして働くのであるが、その働きかたは、その中に組織しているものの性質、その組織のしかたによって、だいぶ違ったものになるであろう。そのことは、この君主権を権力統体として、どう評価するかということにも、大きく関係してくるのである。

そこで、その君主権のもとには、どのような種類の権力が組織されているかを、まず、はじめに概観しておこう。

そこには、大まかに言っても、四種類のものが、区別されると思う。

まず第一に、在地の伝統的な君主権の正系につらなるものとして、それは、俘囚長的族長権力としての体制形態であると考えられねばならないであろう。そして、おそらくこの権力類型が、他の権力諸形態の統合理念となって、それらを辺境族長権力の古典的体制にまで組織していくのではないかと思われるのである。

第二に、それは律令国家の古代的公権の一分肢として、その権力を体制化しているという面が考えられねばならない。清衡や基衡は、律令国衙《こくが》制の中で、その下級官人として、その遥任制のもとの在庁、事実上の国司（在国司）の位置をかちとり、秀衡にいたり正式に鎮守府将軍・陸奥守となって、公法的に令制の権力分身として、その権力を位置づけることができた。藤原氏の族長権力を合法化する形式として、この公法上の地位の獲得は、重視されなければならない。奥羽の受領《ずりょう》領主制というようなものが、そのようにして成立してくるのである。

第三に、摂関制のもとの荘園支配機構の中に、その在地総預り（領家）の形で組織されることによって、国司権力もおよびえないような性質の領主権を、これまた、半ば合法的に実現することができた。同時に、それは新しい権力段階に対応しながら、実は、もっとも古いその在地私領主制を、奥羽全域に拡大していく一つの形式でもあった。

第四に、藤原氏のもとの軍事的な支配体制は、一つの封建的な武士団組織としても評価されうるような面もあわせもっていた。藤原氏のもとに組織された従者制はかなりの緻密さを示しているし、ここに結集された武士団の規模も、そうとうのものであった。それを、純粋に封建的な従者制とみることはできないにしても、一つの封建制的形態とみることは、十分可能なのである。

このように、そこにおいては、さまざまな段階の、各種の権力類型が、機能的に一つの権力統体として働いていたわけであるから、そのような支配の発展段階を、一義的に規定するのが困難であることがわかると思う。その権力の統体としての規定にあたっては、まず各個の権力類型が、それぞれにどのような性格のものであるかを分析的に明らかにし、その上で、それらがどのような形で、一つの権力としての結合のしかたを見せているかを、総合的にとらえなければならないと思う。そこで、まず前者の個別分析から始めよう。

俘囚族長制の系譜　藤原氏が、本来的に秀郷流の藤原氏の出であることはほぼ疑いないと思われるから、そうすると、少なくとも藤原氏については、これを人種的に特殊な扱いかたをする必要はないのではないか。昭和二十五年の中尊寺金色堂の遺体調査以来、そういう見かたが強まっているように思われる。たしかに、藤原氏が日本人としての特徴を示していて、アイヌらしい形質をそなえていないということを明らかにしたのは、藤原氏を漠然と異民族＝アイヌのように考えていた通説に、大きな反省を促すものであった。

しかし、この見かたは問題を新しい錯誤に導くおそれがあった。すなわち、この見解は藤原氏は人種的にアイヌではないという意味で、蝦夷でないことを明らかにした点では、きわめて有益であったのであるが、そのことによって、藤原氏が歴史的にも、蝦夷でないということを、立証したかのように考えられたりするおそれがある点では警戒を要するのである。蝦夷というのは、人種の別にかかわるのでなしに、奥羽の辺境にあって、中央とはいちじるしくその政治・文化の性格を異にする世界にある人たちに対する古代人の侮蔑を示す呼称なのであるから、藤原氏のように、在地の立場や利害を、全面的に組織した族長氏族が、歴史的に蝦夷であるという点は、それによって何ら変更されるところがないのである。

天治三年（大治元年＝一一二六）の中尊寺落慶供養願文《らっけいくようがんもん》の中で、清衡は、みずからを「東夷の遠酋」、あるいは「俘囚の上頭」というふうに呼んでいるが、これはかならずしも遜称であったとばかりは言えないのである。『三外往生記《さんげおうじょうき》』という本では、清衡に仕えた散位道俊《みちとし》というものについてふれた中で、清衡のことを「獄長」とも「東夷」とも呼んでいる。「獄長」というのは俘囚長の言いかえであろう。また、基衡については、『台記《たいき》』（藤原頼長の日記）には彼を「匈奴《きようど》」と呼んだ例があるし、『今鏡《いまかがみ》』（第五ふじなみの中）には「おくのえびす」と言っている。秀衡のような大支配者に対してさえ、『玉葉《ぎよくよう》』の著者九条兼実は、これを「奥州の夷狄《いてき》」（嘉応二年〈一一七〇〉五月二十七日）あるいは「奥州戎狄《じゆうてき》」（治承四年〈一一八〇〉十二月四日）というふうな呼びかたをしている。それは、もちろん特別な軽蔑の念をこめて言っているのであるが、しかし、藤原氏が、一貫して蝦夷の観念のもとにとらえられていること、その意味で「蝦夷」であったことは、これでよくわかると思う。

それは、中央のがわからのとらえかたにおいてだけ「蝦夷」であったのではない。在地の族長家としても、じっさい「蝦夷としての事実」を、もっていたのである。もし、蝦夷とか俘囚とかいうことに、何らかの血縁的なつながりが必要だというのであれば、それもいちおうはたどることができる。清衡の父経清は、安倍頼時の娘を妻に迎えて、清衡を生んでいるのだから、清衡は、母方をとおして俘囚の家につらなっていることになる。その清衡は父が死んだ後、母が後妻として入った清原氏のもとで育ったから、彼は生活的に、俘囚として成長したとも言えよう。さらに、中尊寺金色堂天治元年銘の棟木によれば、清衡の近親の女性に清原氏というのがいたことがわかる。もっとも藤原氏の系図に、その清原氏女がどのような血をもたらしたかはわからない。しかし、基衡の妻は、また安倍氏の出で、宗任の娘であったというから、秀衡の代になると、藤原氏は、二重に俘囚の家としての血の改造をとげていることになるのである。これは、藤原氏が歴史的に蝦夷―俘囚の系譜につらなることを意味する点で、重要なことであった。

だが、藤原氏の権力形態を、本質的に蝦夷の系譜につらねるものは、そのような形での血の連続ではなしに、支配そのものの内面的な連続でなければならない、権力としての系譜でなければならないのである。それは、次のようなことに求められるであろう。すなわち、藤原氏の君主権は、基本的に奥六郡管領権として組織されていったという事実に、なのである。『吾妻鏡』（文治五年〈一一八九〉九月二十三日）には、清衡は、清原氏から「奥六郡」を伝領したと言いながら、じっさいは、奥羽二カ国一万余村を管領し、基衡もそれをうけたとあって、現実には奥羽両国を支配したのに、正式には奥六郡をうけたことにしているのである。

これは、秀衡・泰衡の場合も同じであった。秀衡がすでに鎮守府将軍・陸奥守に任じて、その支配が奥羽全域にわたって公認状態になっている時でさえ、頼朝は、彼を「奥六郡の主」と呼んでいる（『吾妻鏡』文治二年四月二十四日）し、泰衡の代になって、その政庁には、奥羽の省帳・田文以下が集められて、その両国支配が公然の事実であったにもかかわらず、その彼の支配も「六郡の管領」であったとされている（文治五年九月三日）。

これは、藤原氏の公認された支配、つまり基本になる固有の支配は「奥六郡」に限られていたこと、奥羽にわたる支配はその六郡支配の拡大として理解されていたことを物語るものである。ところで、その「奥六郡」は清原氏から藤原氏に伝領したものであるし、清原氏は、それをさらに安倍氏から継承している。すなわち、奥六郡管領権とは安倍氏の俘囚領主権を継承することを意味した。こうして、その俘囚領主権が奥羽支配者としての藤原氏権力の原型だということもわかったのである。

このことは、藤原氏権力が、単なる俘囚族長権力としてだけ存在したとか、あるいは、それが素朴に奥六郡だけの原始君主権にとどまっていたとかいうことを意味するのでないことは言うまでもない。それは、俘囚長的なものとは本来的に系譜も類型も異にするような権力を、それに加え、もしくは重ねることによって、その君主権を、単なる俘囚長権力を越えたものに再編することもでき、そのゆえに、あのような巨大領主制を実現することもできたのであった。ここで言うのは、そのような拡大にもかかわらず、その原型は奥六郡族長権にあり、したがってその権力統体も拡大された俘囚長権力として理解されていたということなのである。頼朝や鎌倉がわの藤原氏君主権のとらえかたには、故意にこれを辺境的なものとして理解するという面もなくはなかろうが、それにしても、藤原氏権力の規定性に、このような辺境型族長制が認められることは疑いないのである。

在地受領領主制　俘囚族長としての権力を古代化し、その支配の拡大を正当化していく形式は、当然、まず令制内の機構を借りたり模したり、すすんでは、その中の正式の地位をかちとることによってあたえられる。すなわち俘囚長的な族長権力も、令制権力の分身たる形をとることによって、その組織としての正当化も拡大ももつことができたのである。

それには、いくつもの段階があった。

まず、俘囚長というような地位そのものが、すでに純在地的なものではない。それは、蝦夷の族長として保持した権力を令制内でも承認されて、新しく令制的に組織し直したものであるから、それ自身、一つの令制的形態であると言える。しかし、それはまた同時に、俘囚としての位置づけを意味したのだから、俘囚以上のものへの展望は、制度的に制限されていたと言えるのであった。

そのように俘囚長的な、せいぜい六郡君主権に限定されていた在地族長権力の限界を破って、奥羽にわたる事実上の支配権の承認を半公的にする最初の令制上の形式が、「陸奥出羽押領使」という地位であったと思う。押領使《おうりようし》というのは、追捕使などとともに、反乱の鎮定や犯罪人の追捕のために、諸国におかれるようになった軍事警察職のことであって、すでに、律令時代の終りころには、陸奥国にもおかれていた。はじめはもちろん、公的なものであったが、それは、かならずしも常置の制でなかったために、国司のもとの判任の官のようになっていたものらしい。『類聚符宣抄《るいじゆうふせんしよう》』（寛弘三年〈一〇〇六〉三月九日）には、すでにそのような傾向を示す例があげられている。すなわち、平八生《たいらのはちお》というものを、国内の奸犯の徒追捕のために試みに押領使に任用し、ついでこれを官に請うて奏任としている。これは、この職が国司の裁量で、任免が自由な職であったことを示すものであって、藤原氏の押領使職というのは、この種のものであったと思われる。というのは、藤原氏は四代にわたって、陸奥《むつ》もしくは出羽《でわ》、またはその二つを兼ねた押領使だったとされながら、中央から正式に任命されたらしい様子が見られない。にもかかわらず、藤原氏について、もっとも確からしい官職と思われるものはこの地位しかない。しかも、それは藤原氏にとっては唯一の世襲の職のように、四代を一貫している。であるなら、この押領使という地位は、藤原氏の奥羽における在地支配者としての地位を、半公的に承認したところの地方的な官職で、それが世襲的になっているところから言って、在庁職の一つのように扱われていたものと考えてよいであろう。

ところで、『吾妻鏡』（文治五年九月二三日）は、四代泰衡について「父の遺跡を継ぎ、出羽陸奥押領使となり、六郡を管領す」と言っている。六郡管領権というのは、本来的には、俘囚長権に属する。それを、出羽陸奥押領使職としての権限のように書いたのは、この押領使職が、六郡支配の俘囚族長権を制度的にととのえて、国衙の在庁職なみに格あげしたものであったからであろう。それは、中央政府に公認された地位ではなかったが、陸奥・出羽の国庁支配に関する限りは、公認された世襲の軍事警察権であった。それだけ俘囚族長権の古代的体制化がすすめられたことになるのである。

しかしまた、押領使というのが、俘囚族長権の新しい制度化にすぎなかったことは、やはりこの権力の古代的体制化を、大きく限界づけた。そこでは、辺境の特殊性が古代的に規定されることになったからである。第一その権限内容も明らかでないし、中央で公認されたものでもない。国衙からも恩典として、そのような地位に特別職として補任されていたらしいのだから、この地位もまた、あまり藤原氏の君主権を正規なものに組織するのに役だたなかった。三代秀衡が嘉応二年（一一七〇）に鎮守府将軍に任ぜられ、ついで養和元年（一一八一）には陸奥守になって、公式に、奥羽の軍政・行政の最高責任者の地位につくことによって、藤原氏は、その事実上の奥羽支配権を、合法的なものにすることができた。鎮守府将軍の地位には、清原武則もついている。その孫真衡もこれに任じているかも知れないから、この地位だけでは、藤原氏の固有の新しい段階と言うことができない。しかし、清原氏の場合は、特殊な戦功に対する恩賞として、その補任をみたのであるが、秀衡の場合は、そのようなこともなかった。『玉葉』が、このことを評して「乱世の基」と言ったのは、夷狄の権力が、中国の秩序の中に組織されて、華夷の区別がつかなくなってきたことを、中華主義擁護の立場から言ったものである。事実上の奥羽支配権は、もはや、単なる事実として放任しておいたり、あるいは地方的な黙認の状態にとどめておくことができなくなってきていることが、それによって知られるのである。

陸奥守という国司の地位につくことは、そのような公認をさらに拡大して、現地における公権のいっさいを、藤原氏に委譲して、ここに藤原氏による領主権支配の独立が公認されるという意味をもつことになった。源平争乱という非常の際の人事であったから、こんなこともありえたのであるが、平宗盛は、この人事を強行するにあたって、すでに陸奥国は秀衡によって押領されているのだから、陸奥国守に任命しても、何も新しいことはないと釈明した。しかし、伝統主義者の九条兼実などは、そのような形式をとることによって、正式に中央支配が「失了《しつりよう》」することに反対して、「天下の恥、何事か、之に如かんや」と言って、長大息したのである（『玉葉《ぎよくよう》』養和元年〈一一八一〉八月六日同十五日）。すなわち、秀衡を陸奥守に任命することは、藤原氏の奥州支配者としての地位を、令制権力として公認しただけでなく、そのような形での奥羽の地方王権としての独立を公認することをも意味したのである。

それは在地の受領領主制というふうに規定することができる。いったい平安中末期の遥任制的国司体制のもとでは、受領として任地に実務をとるような国司だけが、在庁官人の組織から国衙行政全般にわたる支配権の掌握にまですすむことができたのであるが、藤原氏は、その本来の在地領主制に押領使というような形で、長いこと在庁的な支配をそれに重ねていた上に、今さらにその頂上形態として国守の地位をもそれに加えることができたのであるから、当時の国司権のもとに形成される領主制としては、もっとも強固なものとなることができた。一般にそのような政治的領主制は「上から」形成されたのに、この場合は、それを「下から」積み上げる形をとっているのである。しかも藤原氏は、本来の意味の在庁でもないのだから、それは権力を下から上に積み重ねているだけでなく、令外権力を令内権力に組み入れながら上昇するという二段構えの進化の道をたどっていることにもなるのであった。

こうして形成された受領藤原氏のもとの領主制は、俘囚の族長というような在地領主としての権力だけでなく、国司としての公権をも集積し、その地位を去っても、その保有する在庁留守職権は、遥任制下の国守権を代行する、準公権としての機能を存続せしめることになったのである。泰衡の代にも、奥羽両国の省帳・田文は平泉館にあったと言うし、多賀国府で陸奥国の郡郷荘園の所務を定めた頼朝は、国中の事は、すべて、秀衡・泰衡の先例に任せて沙汰するように指令している（『吾妻鏡』文治五年〈一一八九〉十月一日）。国司権は、秀衡・泰衡二代にわたって継承されていたことになる。

こうして、藤原氏は、蝦夷や俘囚に対してだけではなしに、奥羽に関する限りは、内民も公領も、すべてその統治下におさめる公権の世襲体制を実現した。在地の族長制の歴史において、それが古典的体制化の段階であるというのは、このような意味からなのである。

ただ、その権力の古典的体制というのは、そのもっとも体制的な整備をみせた段階という意味であって、それが歴史上のどのような発展段階にあたるかは、それだけでは何とも言えない。それが、鎮守府将軍とか陸奥守とかいうような古代官職によって、権力の体制化をはかっている点からすれば、一つの古代段階と言うことができる。しかし、古代国家が本来の古代段階にあるときには、藤原氏がそのような官職につくことができなかったとも言える点では、それはむしろ、古代の解体過程で、古代の形式をかりた権力形態であると言うべきかも知れない。現に、在庁や受領という形で領主制を形成していく権力のありかたは、古代権力が、上からなしくずしに中世を実現していく形態でもあるのである。そのうえに、荘園領主として摂関制に結び、軍事的領主としては、鎌倉武士団に対抗するような従者制をも組織している。それら全体にまたがる権力統体としての藤原君主権を、少なくとも、古代権力そのものであるということはできないのである。

摂関家領領家職　藤原氏権力の公権化を促した一要因として、奥羽における摂関家荘園の総預としての地位を、藤原氏がかちえているという点も、注意しておく必要があろう。摂関家支配というのは、律令制的支配に対しては私的なものであったが、しかし、律令公権は、そのように私的に変容されて機能するようになっていたのだから、その点では、それは当時における一つの公権様式でもあったのである。当時は公権と言いうるような中央権威は、摂関制とか院政とかいうような形式に、その比重を移しつつあったときなのだから、それに組織されることは、律令官職とは別な形で、やはり一つの公的な体制化を達成することでもあったのである。とくに清衡・基衡二代の時は、まだ律令公権による組織化をなしえていなかっただけに、このような形で中央に結びつくことは、藤原氏にとってきわめて有効なことであったのである。藤原氏が中央において事実上の国司のようにみなされていたのも、実は摂関家その他の権門に対して、離れがたく結びついていたということがあずかって力があった。

清衡が歴史上に登場する十一世紀の終りから十二世紀のはじめは、摂関制支配が、ようやく院政支配に席を譲ろうとする時である。そのような時期に、藤原氏が院政との結びつきでなしに、摂関家との提携を強くうち出しているというのは、やや意外なことのようにも見えよう。しかし院政支配というものの現地でのありかたを考えれば、それも根拠のあることであった。すなわち、院政政権というのは実質的には受領による政権であって、彼らは院と結んで、国衙領の再建という形で、その公権をかりた領主権の集中をはかっていた。それは、摂関家領のようなものに対しても収公政策をゆるめなかった。まして現地の押領態勢に対しては、なおさらきびしい収公政策を適用するようになってきていた。藤原氏は、なるほど一面では在庁的な形で、国衙下にある種の合法化をかちえていたのであるが、それは、奥羽にまたがる広大な支配を全面的に正当化することができるほどの政治性をもつものではなかった。そのために、一方では国衙内での、よりいっそうの合法化政策を推進するとともに、他方では、それによっては埋めることのできない本性上の限界を、別な政治性で埋めていく必要があった。その内容のかなりの部分が非合法的な「押領」によって構成されているその領主権は、公権をかりての収公政策に対しては、はげしく対抗しなければならない一面をもっていたのである。『古事談《こじだん》』（第二臣節）や『十訓抄《じっきんしょう》』（第六可存忠直事条）などには清衡が王地を多く押領しているから、いずれは追討使を出さなければならなくなるだろうというようなはなしが伝えられているし、基衡についても、宗形《むなかたの》宮内卿《くないきょう》師綱《もろつな》というものが、宣旨を奉じて、これまで検注したことのない基衡の私領の検注を強行し、その収公をはかったことが伝えられている（『古事談』第四、『十訓抄』下第一〇）。基衡は「在国司《ざいこくし》」つまり「留守職《るすしき》」のように扱われていながら、国守のこのような政策に対しては、収公の対象となる領主として、抵抗せざるをえなかったのであるが、単に「在国司」・在庁という程度の資格では、これと正面から対抗することはできない。それについても『古事談』や『十訓抄』に、生き生きとした逸話が示されている。すなわち、基衡はこの抵抗の正面に出ることができなくて、家人やその妻などを表に立て、みずからは裏面で工作するという、まったく政治にならない立ちまわりをしているのである。

当然のこと、そのように政治的に劣勢な状態を救うものは、国司の後楯になっている院にも対抗できるものでなければならなかったので、そこに、院と対立しつつあった摂関家が、この際、藤原氏にとって、国司権との対抗を正当化する上級権威として迎えられる理由があったのである。

しかし、他方、摂関家としても奥羽においては藤原氏と結ばねばならない事情があった。というのは、院政下の野心的な受領たちは、きわめて積極的に荘園整理を行なっているのであって、奥羽においてもそれは例外をなさなかった。しかも、奥羽では摂関家の権威にさからって、それを強行するという傾向がすすんでいたのである。『後二条師通記《ごにじょうもろみちき》』の寛治六年（一〇九二）十二月四日条には、関白師実が、一条天皇（後三条天皇かも知れない）の時にさえ問題にならず、二条関白教通の時には免判を与えて、これを再保証している出羽国小但嶋荘《おだじまのしょう》というのを、国司の強い要請に屈して、国領とするのに同意しようとして、子の師通にとめられている記事があるし、『殿暦《でんりゃく》』（藤原忠実の日記）の天仁三年（一一一〇）三月二十七日条によれば、出羽守源光国という者が、関白忠実の出羽国寒河江《さがえ》荘に侵入したという。これも、国司の収公政策と無関係ではないであろう。辺境地帯でのこのような権威への攻勢に対して、その権威と権利とを守るためには、国司に対抗できる在地の勢力と結ぶよりほかない。

清衡が貢馬をもって摂関家と結ぶのは、ちょうどこのような時期、寛治五年（一〇九一）十一月十五日であったのである。清衡一代を通じて、国司との抗争の記録はある（『中右記』大治二年〈一一二七〉十二月十五日など）のに反し、摂関家との抗争の記事はないばかりか、かえって、これには終始擁護されていたらしい証拠がある（『中右記』保安元年〈一一二〇〉六月十七日、二十四日など）のは、両者の間のそのような密接な関係を物語るものである。

藤原氏は、摂関家（その他の本所との場合も、ほぼ同じだったらしい）に対しては広汎な権限をもつ政治領主としての立場を留保していた。奥羽における摂関家所領は、藤原氏を現地の領家とするような体制のもとにあったと考えられるのである。それだけ荘園の、外敵に対する防衛は確かになってきたのであるが、時の経過とともに、今度はこの現地領主との抗争に、摂関家は苦労するようになる。『台記』仁平二年（一一五二）九月十四日条には、摂関家の権威と、堂々五分に組んで一歩も譲らぬ現地領主藤原基衡の不敵な抵抗ぶりが記されている。しかもその抵抗が合法的な手続きをとおしての圧力になってきているところに、藤原氏の政治領主としての成長がうかがわれるのである。それは摂関家所領との結びつきが、否定的にもたらした政治的成果であった。

荘園領主としての藤原氏の権力は、けっきょくにおいて平泉武士団の地頭領主権を組織する経済支配権として考えることができるであろう。そこで、この領主権の藤原氏君主権の中での役割を理解するためには、平泉武士団に対する藤原氏の軍事的首長としての支配のありかたを分析する必要がある。

平泉武士団の棟梁権　藤原氏の君主権には、武士団の棟梁としてその権力を従者制の上に組織している形態がある。性質上、それがもっとも新しい権力形態であることは言うまでもないのであるし、事実、平泉の役を戦う時には、それは鎌倉がわにおいてそうであったのと同じ意味で、封建的に「尋常な」郎従制であるかないかということが議論となっている（『吾妻鏡』文治五年〈一一八九〉九月七日）から、その従者制は、歴史的にこの段階においては一つの封建従者制としての機能をはたしていたと考えなければならない。

もっとも軍事的な従者制組織は、何も封建制的にばかり形成される性質のものではない。そこで、その作用面はともかくとしてその成りたち自身において、それがどのような従者制としての性格を示しているかを、多少立ち入って考察してみようと思う。

一般的に平泉政権下の武士団や、そのよって立つ領主権が、純粋に封建制的であったなどということは、はじめから問題にならないであろう。このことは、前もって明らかにしておかねばならない。しかし、それだからと言って、すぐにそれを鎌倉武士団とまったく比較することができないように後進的なもの、もしくは異質なものと考えるのは、もっと問題だと思う。当時、東国における従者制、その領主制がどれだけ封建的になっていたかはまだ疑問を残しているところであって、鎌倉幕府成立後といえども、その領主制の構造的な古代性が指摘されている現在において、平泉武士団のようなものと比較する時だけ、それを何か典型的に封建制的なものであるかのように前提して、両者を比較するのは、方法の点から言っても正しくないであろう。二つの従者制の間には、構造的にもきわめて似かよった側面が指摘できるように思われるのである。

まず、武士団の棟梁権というようなものから比較してみよう。鎌倉将軍も平泉首長もその最高首長の地位は、どちらも自然発生的な尊称によって呼称されていたようである。源氏の場合、それが典型的に「鎌倉殿」と呼ばれていたことは言うまでもない。これに対して、平泉の場合には、その地位は「御館《みたち》」と呼ばれていた。頼朝の秀衡あての書翰にも「奥御館」とあて名しているし、文中にも、「御館は奥六郡の主」とある（『吾妻鏡』文治二年四月二十四日）。また系図などにも「奥州御館」とある。

これは、いわば武士集団の内部における首長呼称である。公法的に、それがどのような地位として呼ばれるようになったかというと、鎌倉の場合は、それが「征夷大将軍」であることはことわるまでもないが、平泉の場合は、それが「鎮守府将軍」という形をとるのである。秀衡がその職に任ぜられても、終身、この職にあったのでないことは、すでに述べておいたが、当時は、一度その地位につくと、終身その呼称で、その地位が言いあらわされるならわしであるので、秀衡によって、いったん、その武士団の首長制が、この名称のもとに組織されるようになると、平泉首長制は通じて「鎮守府将軍」体制であると考えられるようになるのである。由利八郎という平泉がわの捕虜は、御館は三代、鎮守府将軍の流れを汲んでいる、それは鎌倉殿と対等の地位だと抗弁して、頼朝たちにもそう納得させているのであるが、頼朝は、まだ正式には何の地位にもついていない時であるから、藤原氏のこの地位は、公法的には源氏よりも上の位置にある。後に、源氏が征夷大将軍に任命されることになって、その地位は鎮守府将軍よりももっと広汎な権限をもった中央官というようなひびきをもつようになるが、それにしても、どちらも征夷を形式上の目的にもった軍職である点では、まず甲乙ないものと言ってよい。

しかも、藤原氏にとっては鎮守府将軍というのは、地域的には在地の武将の地位だと言える。清原氏もかつてこれに任じたことがあり、安倍氏もその在庁として勤仕したことのある政庁の指揮者である。いわば古い俘囚の長の伝統に即して、武将としての地位を公法的に定めた形式が、鎮守府将軍の地位であったのである。頼朝が、征夷大将軍という呼称にこだわった理由は、いろいろあったと思うが、そのうちの一つに、鎮守府将軍よりも上級の武将の地位という要望があったことは認めてよいのである。それは、かなりはっきりと平泉への対抗意識に出ていることなのである。

次に従者制についてであるが、これに関しては、由利八郎の弁明が興味ある話柄となっている。鎌倉殿と御館は対等、鎌倉に家人制があるなら、平泉にも従者制がある、そんな言いかたを由利はしている。この役の敗因も、まったく「尋常の郎従」制を欠いていたせいではないかという頼朝の問いに対して、彼は同質のものの中での優劣としてそれを説明している。奥羽一七万騎と呼ばれている平泉武士団が、まったくの烏合の衆であったわけではないということさえわかればそれでよいのである。平泉軍の劣勢が問題になるのは、関東以西の武士団の団結に対してのことである。『吾妻鏡』（文治五年九月四日）によれば、平泉の役に参加した鎌倉軍は、総勢二八万騎とされている。そのような中央軍に打ち勝って、中央に封建政府を樹立するほど平泉武士団は強力でなかったというのがその敗因であった。であるならば、これはまことに自然な敗因である。われわれがここで問題にするのは、菊多《きくた》・白河《しらかわ》・念種《ねず》の三関の奥で、ともかくも一世紀にわたる支配を軍事的に維持した権力が、中央の評価においても、一つの封建権力としての認証をえているという、それだけのことなのである。われわれは、在地の族長制の歴史において、それがどのような段階であったかということを考える立場にあるのである。

平泉の役に際して、征討軍に抵抗する平泉軍の指導者として、『吾妻鏡』が数えあげている郎従たちの名はかなりの数になる。そこには、藤原氏の近親から同族さらには一般の郎従、そしてまたそのもとでの所従というふうに、従者制の幅とともに厚みも出てきていて、封建制にふさわしいヒエラルヒーも、かなりの層に形成されていることがうかがわれるのである。

さて、そのような首長制のもとに、武士たちは、どのような領主制を形成していたのであろうか。それは御館領主制の構造というようなことになるわけであるが、それについては、次のようなことが問題になると思う。

すでにふれた『古事談』や『十訓抄』の宗形宮内卿師綱の物語では、国司の検注を阻止する主人公の季春という人は、信夫郡の郡司とも、また荘司・地頭などとも言いあらわされている。これは物語が中世的に言いなおされて、一つの呼称が自由に動いたのだとも考えられようが、しかし、そうばかり言えないところもある。保延四年（一一三八）十月二十六日付の『上遠野《かどの》文書』によれば、岩瀬郡一円が左大臣家領として立荘されているのであるが、そのための庁宣は岩瀬郡司平政光に出されているから、おそらくこの後岩瀬郡司は、岩瀬荘の荘司になったであろう。久安六年（一一五〇）八月二十一日付の『上遠野文書』に、白河領内社・金山の両村について、平正光を預所職に任じているのも、彼のそのような在地領主としての権勢を利用しようとしたためであって、この面での彼は地頭としてあったと言ってよいのである。

郡司＝荘司＝地頭のような置きかえを可能にする事実の存在については、さらに次のような例をあげることができる。『吾妻鏡』文治五年（一一八九）十月一日条には、平泉の役の帰途、頼朝が多賀国府において戦後の奥州政治のありかたについて張紙による指示を残した記事があるのであるが、そこには、郡郷庄園所務の事、条々地頭《じとう》等《ら》に仰《おお》せ含《ふく》めらる。中《なか》んずく国郡を費《つい》やし、土民を煩《わずら》わすべからざるの由《よし》、御旨、再三に及《およ》ぶ。

とある。

これによれば陸奥国庁による政治は、直接に地頭支配という形で行なわれたことになる。「郡郷庄園所務」は、本来「郡司・郷司・庄司」をとおすべきなのに、直接に地頭がその指令をうけているのは、つまり、郡司・郷司・荘司にあたる機能が地頭によってになわれていることを示すのである。

それならこのような事態は、平泉の役後に新たに体制化したものであろうか。同じ『吾妻鏡』文治五年九月二十日、同二十四日などの記事によれば、平泉の役後の論功行賞においては、鎌倉御家人たちは、多く郡郷単位に地頭職に補任されていたらしいから、そうすれば、郡司・郷司などの相当職に地頭が置きかえられたのは、この役の後であるという考えも成り立つであろう。

しかし、そうではなかったらしいのである。なぜなら、文治五年十月一日付頼朝指令は「国中の事においては、秀衡・泰衡の先例に任せて其の沙汰を致すべし」と言って、そこでは、すくなくとも当分は平泉時代の慣例に従うべきことが述べられているのである。文治五年十月二十四日付の出羽留守所あての幕府御教書もまた、出羽国の地頭制について、「出羽・陸奥に於ては、夷の地たるにより、度々の新制にも除き訖んぬ、偏えに古風を守り、更に新儀無し」という理由で、その旧制による地頭領主制、このさいは平泉時代もそうであった地頭領主制の伝統を承認しているのである。

このような事情を考えれば、奥羽における地頭制が郡郷制の上に組織されたというのも、中世になっての地頭制の新形式だというのでなしに、おそらく平泉時代の地頭領主制のありかたを継承したものと考えてよいであろうし、さらに平泉武士団の地頭制が、そのような郡司制もしくは郷司制そのものの私領主制的読みかえのような形で成立するのは、その最高君主たる藤原氏の首長制が、在庁職（押領使）・鎮守府将軍・陸奥守というふうに、古代官職をかりて組織されたのと、上下対応する関係にあったものと理解すべきであろう。藤原氏の受領領主制というのは、そのような郡郷制的地頭領主制を基礎構造としていたのだし、地頭領主制のそのような成りたちは、首長制の受領領主制に規制されていたのである。

さて、このような状態のもとで、平泉武士団が一つの封建制的な軍事組織としても機能していたということになると、その武士団としての性格が、きわめて平氏政権下の武士団のそれに近いものになることが想像されよう。

平氏政権は、清盛の太政大臣、重盛の内大臣をはじめとして、一族が公卿《くぎょう》・殿上人《てんじょうびと》として栄進するという形で、その権力の中枢部を組織した。そのような律令官職の周辺に、知行国制・受領制・荘園所職《しょしき》などを集積することによって、それは摂関制・院政につぐ第三の貴族政権になったのである。しかしこの古代権力は、他方、全国を二分する武士団の棟梁権として、しかも相手たる源氏の先を越して一足先に武門政権を組織するというふうに、その古代的貴族的な領主制を、強力な軍事組織に再構成して、新しい時代を先駆したのであった。それは機能上、一つの封建権力でもあったのである。それにもかかわらず、この権力は、構造的に封建主義的権力であったと考えることはできないであろう。平氏政権の首長層が基本的に古代貴族的であったことはやむをえないとしても、その権力の基礎構成をなした御家人や従者について、たとえば鎌倉御家人におけるような地頭領主制を、ほとんど考えることができないところに、この政権の「中世」というのが、中世的機能転化でしかなかった理由が認められよう。しかしまた、古代的なものが、そのように中世的な機能転化において、一つの歴史的現実としての権力を組織しえたとすれば、この古代的権力の評価にあっては、その古代的構造ではなしに、その中世的機能転化こそ歴史的なものとして注意されるのでなければならない。

平氏政権についてのこのような分析を、「辺境的に」再構成するならば、それはほぼ平泉政権の権力構造を明らかにする考察となるであろう。ここで「辺境的」というのは「俘囚族長制的」ということと理解してよい。それは歴史のさまざまな変容をうけながら、根源的に依然として蝦夷の原始的な族長制の系譜につらなる首長権力である。この点では平泉政権は、平氏政権をも含めて、内国のあらゆる中央権力と異なるのであるが、しかし、この族長制が律令制と出合い、摂関制・院政に適応し、荘園制を組織しこんで、それらの権力体系を全体として武士的に機能化しているのは、辺境的に平氏政権を先駆するものという評価を可能にするだろうと思う。

平泉政権の構造的特質は、このように類型的にはきわめて多元的な権力構成が、機能的には封建制権力としての役割りをはたすように位置づけられているというところにあったと理解されるのである。

平泉の文化と政治　以上で平泉政権の権力の構造についての分析をひとわたり終えたのであるが、この理解のためにも、あらためて検討を要するものに平泉文化の問題がある。そこで、平泉文化の問題について、この課題に関する限りにおいて簡単に分析をこころみ、問題点だけを指摘しておくことにしたい。

いったい、平泉においては中尊寺だけでも寺塔四十余宇、禅坊三百余宇あり、毛越寺《もうつうじ》では堂塔四十余宇、禅房五百余宇あったと言われる。無量光院については、宇治平等院をさながらに摸したと言われ、またじっさいそのとおりであったことは、発掘によっても再確認されている。これらは、都における最大級の寺院文化に匹敵できるものである。京畿の文化を「生身《いきみ》」に摸し、「皆金色《かいこんじき》」に荘厳したこれらの表現は、当時の平安都市文化とその構造を同じくしていたと言える。だとすれば、平泉文化が平安末期の古代貴族文化の一典型をなしていると言っても、それはかならずしも誇張ではないのである。

どうしてこのようなことが可能であったろうか。まずそれは、奥羽における空前の権力集中の成果という意味で、政治的産物である。藤原氏のように、広大な奥羽の地域を強力に統一できた集権政府だけが、そのような資源と財力、および労働力をそのような事業に集中することができたのである。

しかし、このような地方政権が、なぜかかる文化創造に熱中したのであったか。初代清衡《きよひら》の天治三年（一一二六）の中尊寺《ちゆうそんじ》落慶《らつけい》供養《くよう》願文《がんもん》によれば、この事業は「貢職《こうしき》（賦《ふ》）の羨余《せんよ》を調《ととの》へ、財幣《ざいはく》の涓露《けんろ》（しずくとつゆ）を抛《なげう》」ってのものだとあって、まず平泉の余財をすべて投入しての仕事である。したがって、それは単なる道楽や摸倣以上のものであった。願文には、鎮護《ちんご》国家の忠貞《ちゆうてい》の心をあらわすための修善の営みとしているのであるが、これは表向きの理由であろう。もっと直接的な動機が底にあって、はじめてこのような表向きの理由ももっともらしくなってくるのである。

それは信仰そのものの前にあるもっと根源的な願いというようなものであろうから、文化そのものが目的だというほど洗練されたものでもなかろうと思う。

わたくしはそのようにして、平泉の壮麗をきわめた文化をささえている根源の意志として、政治という現実の要請を考えるのである。文化はそこでは最高の政治として機能していたのではなかったか。異常な情熱をもって、すべての「羨余《せんよ》」と「涓露《けんろ》」とを文化の建設につぎこんだのは、政治のしあげとしての意味あいからだったとすると、平泉文化の解けがたい謎も、ある程度解けてくるような気もするのである。以下、平泉文化を支配しているそのような論理について考えてみよう。

いったい平泉文化というのは、すでに文化になっているものの貴族的な洗練・昇華であったというようなものでなしに、本質的にはまだ文化になっていないもの、あるいは文化でありえないものを、文化にまで高めようとする創造の仕事である。それは、次のようなことからも言えるであろう。

最近亀田孜《かめだつとむ》氏や久野健《くのけん》氏などの研究によって、平泉文化以前の東北古代の仏教文化の歴史がかなり明らかになってきた。それによって、平泉文化がまったくの文化の荒野の中に種おろされたというようなものではないことが知られるにいたった。しかしそれにもかかわらず、一木彫《いちぼくちょう》の伝統を依然として伝え、鉈《なた》彫《ぼり》というような文化疎外への傾向をむしろ文化の特色とし、けやき・かやなどを素材としていた仏像彫法の中に、定朝《じょうちょう》様式の寄木造りが、ひのきを主材とするところまで中央と同じような文化を現出したことは、やはり、まったく新しく、第二の文化を創造したものと言ってよいのである。それは素地として、十分に成熟していたところに種まかれたのではなしに、上から強力によって移植されたものである。したがって本質的には、この文化を必要としたのも、また可能にしたのも、すべて、その文化の間隙を埋めた政治権力であったと言ってよいであろう。

政治がある必要のために、この文化をつくり、それを守ったということになろうが、それなら政治の必要というのは、どのようなことであったのであろうか。

それは「皆金色」の典型、金色堂がよく代表していると言えよう。金色堂は、はじめはおそらく阿弥陀《あみだ》堂《どう》として創建されたものであったであろうが、清衡《きよひら》を葬《はふ》り、基衡《もとひら》・秀衡《ひでひら》をあわせ葬《ほう》むることによって、まったく葬堂と化してしまった。ところで、その際、死者は、明らかにその肉体を永久に保存する意図にもとづいて葬られているのだから、この彼岸《ひがん》のための荘厳は、此岸《しがん》のための荘厳に捧げなおされたことになる。しかも、彼らが永生の死者としてここに安置されたのは、彼らの支配者としての生の永久を祈ってのものであったはずなのだから、けっきょく金色堂のすべての装飾は、あの世に延長された政治のための荘厳になったと言えるのである。それが目に見える政治の支配を、見えない世界からささえる高次の政治を意味したろうことは、想像して誤りないところだろうと思う。

もっとも、それは金色堂の意図のすべてではなかった。まして、中尊寺や毛越寺がはじめからそういうものとしてだけ造立されたものでなかったことは言うまでもない。しかし、それにもかかわらず、そこにはやはり一種の政治の意志というようなものの貫徹が認められる。

平泉の寺院建築のいちじるしい特色は、それが浄土庭園をともなったことにあるが、それは清衡の中尊寺供養願文によれば、竜頭鷁首《りゅうとうげきしゅ》の船を浮かべた池であったし、毛越寺の発掘調査の結果では、大泉池には船入りの跡が認められたし、南大門から中島を通って金堂に向かう橋の脚間の中央だけがひとまわり広くて、船の通路にあたった箇所であろうと考えられているし、ここの金堂は、あたかも寝殿造りそのものなのでもあるかのように廻廊をもって池に結ばれている。このことは、毛越寺が全体として、一つの別業、つまり藤原氏の支配者としての邸宅の一変形という意味をもったことを示すものである。無量光院の四壁の扉には、観経《かんぎょう》の大意の図絵にあわせて、秀衡《ひでひら》みずからが図絵した狩猟の図が見られたというが、これもまた、無量光院が一つの此土極楽《しどごくらく》の居宅であったことを物語っていると言うべきものなのである。

このようなことからすれば、平泉諸寺院の荘厳は、彼岸に捧げられる前に此岸に捧げられ、信仰を厳修する前に政治を装飾したというように考えるのも、まんざらいわれのないことではない。

しかし、問題はさらにその先にあるのである。支配者藤原氏が、寺院の荘厳を、そのように政治のための飾りに役立てていたとして、それは王者の虚栄や奢侈《しゃし》のためであったろうか。『吾妻鏡《あずまかがみ》』は、平泉の落城を叙して、「倹は存し、奢《しゃ》は失《うしな》う、誠に以て慎《つつし》むべき者か」と言っているから、それはいちおう、古代的な奢侈であったと言うことができよう。だが、けっしてそれにつきるものではなかったのである。

次のようなことが重要な事実として参考されよう。清衡は奥羽一万余村を支配し、村ごとに伽藍を建てて仏性灯油田《ぶっしょうとうゆでん》を寄せ、また、白河関から外ケ浜にいたる道路には、一町別に笠卒都婆《かさそとば》をたて、その面には金色の阿弥陀像を図絵し、その中心の山上に一基の塔を立てたと『吾妻鏡』は記している。これらのことからすると、平泉の中尊寺・毛越寺は、奥羽の中心にあって、奥羽諸寺院を一つに結ぶ総本山のようなものであったことがわかる。政治家の、そういう営みから出た寺院経営の様式は、新しい「国分寺」の再現とも言えるであろう。政治として寺院を営むという精神をそこに認めることができるからなのである。

そして、もしそのような比喩が可能だとすると、平泉の宗教つまり文化が、政治の一形式、というよりも最高の政治であったということもわかってくるし、辺境の支配者たちが、異常な情熱をこめて文化への投資を継続した理由も、自然に諒解されてくるのである。信仰・文化・遊楽も、この高次の政治の中の部門として位置づけられていたのである（このようなことについては石田一良氏の論文「奥州藤原氏の信仰と政治」にも言及がある）。

それなら政治がどうしてそのような形態をとったのだろうか。それはまず、辺境の歴史化つまり開明化を古代的におしすすめる形式の一つであった。辺境として、かつてない統一を達成した政権にとって、その全面的な歴史化は、中央的な文化、この際仏教文化の大規模な建設という形で具体化されると考えられたからであろう。しかし、それよりももっと直接的な理由があったと思われる。それは、ほとんど奥州の特産と当時考えられていたその産金を、積極的に権力の基盤に組織していこうとしたことである。

奥州の金は、当時の日本の金保有を左右した。したがって、経済的にも文化的にも、その保有と組織のしかたは、当時の古代的権威ないし権力を左右する意味あいをもっていた。平泉政権は、このようにしてその豊かな金保有をもって、中央に働きかけ、また協力者として働きかけられるような権力に成長するとともに、皆金色の荘厳を生命とした当時の貴族的仏教文化の中にあって、中央におとらぬ仏教文化をも創造しえたのであった。それにおいて、政治貴族としての確実な保障をも見いだそうとしたことは言うまでもないのである。

しかし、そのことがまた、藤原氏の権力構造を、古代貴族的なものに型づける物からの制約になったろうこともいなめない。辺境という、歴史の外の遅れを、急激に歴史の内へと導き入れたのもこの金であったなら、藤原氏という原生的な武門の権力を、古代貴族権力の限界にとどめて、野生のエネルギーを封建制へとおしすすめずに終わってしまったのも、やはりこの金のマギーであったと思われる。平泉文化の形式が、平安中末期の貴族文化によって型づけられているにかかわらず、最後の文化の精神において、それと異なったのは、このような「政治の意志」と「黄金のマギー」との特殊な弁証法のためだったのである。

〈原題「平泉政権の成立とその権力構造」、『研究報告』〈東北大学文学部日本文化研究所〉別巻 第二集〈一九六四年三月〉より収録〉

2　藤原氏と荘園

東北における荘園の起源

『台記《たいき》』仁平三年（一一五三）の記載（『台記』巻十仁平三年九月十四日〈史料大観本三七五、六頁〉）によれば、かの奥羽五箇荘すなわち高鞍《たかくら》・本良《もとよし》・大曾禰《おおそね》・屋代《やしろ》・遊佐《ゆさ》の五荘は、久安四年（一一四八）に前関白忠実から子の左大臣頼長に譲与されている。おそらく殿下渡領の一部であったもので、小泉荘《しょう》・成生荘《なりおのしょう》・寒河江《さがえの》荘などとともに、もちろんそれよりもさらに古い時代に本所権を定めていたものであろう。

その起源についてすでに辻善之助《つじぜんのすけ》氏は、その講演(1)において『後二条師通記《ごにじょうもろみちき》』寛治五年（一〇九一）の藤原清衡《きよひら》の貢馬をもってする関白師実《もろざね》とのむすびつきが、そのような所領寄進＝摂関家荘園成立の端緒となったのであろうとされた。そうすればこのような形での摂関家所領の成立は、十一世紀の末年ということになるであろう。「東北の荘園」（豊田武氏「東北の荘園」〈『歴史』第三輯〉）の中で豊田《とよだ》武《たけし》氏があげられた諸例も大体この五箇荘の例から清衡の貢馬＝寄進をもっとも早いものの中に数え、その他『殿暦』の天仁三年（一一一〇）にみえる寒河江荘の例、保延四年（一一三八）の岩瀬郡一円の左大臣家領化の例、久安六年（一一五〇）ごろと推定される安達荘の例などが、まず東北における荘園の例としては、比較的早いものとみられているもののようである。要するに十一世紀末から十二世紀半ばごろまでに成立したものが東北としては古い型に属する荘園とされてきたのである。

しかしもとより、それが東北における荘園としても、また摂関家領荘園としても、もっとも古い荘園の初見だというのではない。たとえば清衡が海とも山とも定めかねる冒険をもって、貢馬＝所領寄進をする（『後二条師通記』寛治五年十一月十五日〈『大日本古記録』『師通記』中一八七頁〉）寛治五年（一〇九一）という年には、関白師実は出羽荘のことについて沙汰人に諮問しているし（同寛治五年十一月二十一日〈同一八九頁〉）、その翌六年には出羽小但嶋荘《おだじまのしょう》の公験《くげん》のことについて、師実は師通と重要協議をしている（同寛治六年十二月四日〈同三二五頁〉）。

つまり、摂関家領は清衡が登場するまでには、すでに一つの歴史を経過するところまで来ていたことが知られるのである。そのような荘園がどのくらいあり、またどれだけ早くから始まっていたかということはかならずしも明らかでない。けれども、その出羽荘にしても小但嶋荘にしても、ともに荘園整理で問題になっていることからすれば、それまでにある程度の歴史を閲していたろうことは、いちおう推定しておいてよいかと思う。

事実、小但嶋荘については、あるところまではその起源を推定させる手がかりがある。すなわち『後二条師通記』寛治六年十二月四日の記事には、「一条院の御時、記録に於て、仰せられず、何《なん》ぞ況《いわ》んや二条殿の時の免判、国司の許《ゆる》しを召すべからざんや」とあって、この荘園は一条天皇（在位九八六～一〇一一）

の時には荘園整理にあっていたことになる勘定である。しかし『大日本史料』や『大日本古記録』の編者はこの一条院は後三条院の誤りであろうと傍注しているので、若干問題はあるかと思うが、かりに、そのような訂正に従っておくとしても、後三条天皇の荘園整理（一〇六九～七三）に問題になる荘園は、まず十一世紀の半ばごろには成立していたものとみてよいであろう。だから大体においてわれわれは、摂関家領の奥羽における成立は、今のところもっとも古いものについて言えば、十一世紀の前半ごろというふうに考えておいてよいのである。

ちなみに小但嶋荘というのは、おそらく小田島荘であろう。通例小田島荘は中世の荘園だとされる。現在のところ、その史料上の所見は南北朝のころらしいが、もし小但嶋が小田島であるとすると、それは東北としてはもっとも古い荘園の、ひょっとすると中世的に再興されたものかも知れない。今のところわたくしはそれについては細かいことを何も言えない。

荘園整理と両藤原氏

『師通記』にみえる小但嶋荘の記事は、まさしく奥羽のしかも摂関家領に対する現地国司の荘園整理という政治攻勢を物語る史料である。そして東北にも、中央と同じような荘園整理が単にあったというだけでなく、実はその荘園整理と奥藤原氏による平泉政権の確立とが、密接な関係にあったことをわたくしは想定するのである。

『古事談』および『十訓抄』には宗形宮内卿師綱《もろつな》と藤原基衡《もとひら》との衝突の物語（『古事談』第四勇士〈旧輯『国史大系』一五の一〇七、八頁〉、『十訓抄』下第十可庶幾才能事〈同一五の八三六―八頁〉）を載せている。師綱は小一条左大将済時《ただとき》の六代にあたり宗綱の子である。させる才幹があったわけではないが、ひとえに奉公をさきとして忠誠をいたし「近く召つかはれ」た白川院の近臣である。その賞に陸奥守を受領して任地に下向した。時に基衡は一国を押領して、国司の威はないようなありさまであった。そこで師綱は事由を奏聞して「宣旨を申し下《くだ》し、国中の公田を検注せん」としたので、基衡はその腹心信夫郡地頭の大庄司季《すえ》春《はる》というのと心を合わせ、「忍郡《しのぶぐん》は基衡《もとひら》、先々《さきざき》に蔵し、国使を入らしめず」という先例を楯にとって、不敵な挑戦行為に出たというのである。この説話は、まさしく院政下の野心的なかの近臣受領による国衙領再建＝荘園整理を主題にした物語であって、一国を押領して、国司があってもない同然に御館体制が確立していた基衡時代にあっても、時あって受領国司の公領再建のための公田検注が、宣旨にもとづいてなされることがあったことを示す例として注目されるのである。信夫荘という荘号はこのほかには見えないし、国司との抵抗過程に中央の勢家が介入して来る様子もまったく認められないので、はたして本所を中央に持った荘園で、したがって、かの保延四年（一一三八）の左大臣家領岩瀬郡のように、一円立券荘号したものであったかどうかは疑問であって、このさいは『大日本史』などが言っているように、「基衡、信夫《しのぶ》郡《ぐん》を隠《かく》し、しばしば守《かみ》を閲《いつわ》る」（『大日本史』巻二百四十四列伝三〈大日本雄弁会本六の三五頁〉）つまり権門勢家とは無関係な、在地豪族藤原氏の私領という形のものと考えるのが正しいであろう。そうするとこの物語はかなりに問題性に富む。すなわちそれは、あたかも陸奥一国を押領しつくそうとする豪族藤原氏の私権集積の巨大を表面誇示するとともに、しかし結局は「宣旨の条に背き、違勅の恐れなきにあらず」（『古事談』前掲本一〇八頁）としてその抵抗をゆるめ、巨万の富を積んでも、ついに宣旨＝公権の前には一箇の非法者として降伏してゆくよりほかない政治領主としての無力性をも同時に示しているのである。事実上の権力支配は、一箇の合法権力としての政治化を経ることなしには最後の勝利者となることができないということを、この物語は示していると思うのである。

それなら、権門勢家の荘園はどのような問題をはらんでいたのか。とくに摂関家の場合それはどのようになっていたろうか。われわれは、『古事談』『十訓抄』における、かの師綱のような事例は、権門の荘園の場合も例外でなかったのを知る。『後二条師通記《ごにじょうもろみちき》』『中右記《ちゅうゆうき》』『殿暦《でんりゃく》』などには、奥羽国司の仮借するところなき荘園整理＝侵略の例が示されていて、摂関家も、その追及にたえかねて、前代の整理にも免れていた荘園の国領化にも同意せざるをえないと観念するところまで追いつめられている。前出『後二条師通記』寛治六年の小但嶋荘の例は、そのようなところまで追い討ちをかけている奥羽国司の政治攻勢のはげしさをよく物語っていたのである。これまでに奥羽における荘園整理の問題はほとんど注意されていなかっただけにこの点は注目されてよいところである。もちろん摂関家に対する奥羽受領のかかる正面からの挑戦はあえて奥羽に限られた現象ではなく、『師通記』によれば全国的にみられた摂関家対院＝受領層の対抗[5]のひとこまにすぎなかった。同じ『師通記』の寛治五年十一月に、関白師実が出羽荘について沙汰人に諮問したとあるのも、このような国司の荘園収公政策に対する対策であったと思うし、『殿暦』の天仁三年三月（『殿暦』天仁三年三月二十七日〈『大日本史料』三の十、八七八頁〉）に、出羽守光国《でわのかみみつくに》が関白忠実《ただざね》所領の寒河江荘に乱入したというのも、荘園整理を目的とする国衙使《こくがし》の入部をさすものと理解してよい。陸奥においては、摂関家領の例ではないが、日吉社領として清衡が構立した七〇〇町におよぶ荘園を、陸奥守良兼《よしかね》は新立荘として停止しようとして、日吉社僧との間に衝突を来したということが、『中右記』大治二年十二月の条（『中右記』大治二年十二月十五日〈史料通覧本『中右記』五の三五〇頁〉）にみえている。国司の収公政策が依然として堅持されていたことがわかるのである。だが、ここには一つの注目すべき変化が生じていることに気づく。それは在地の領主藤原氏が、日吉社と結ぶことによって、その政治領主としての立場を強化しえていることであり、日吉社もまた清衡をかかえこむことによってその荘園構立に成功したと思われることである。すなわち、清衡にしてみれば、ともかくその山千僧供《せんそうぐ》としての公田七百町歩の保籠《ほろう》に関する紛争を陸奥国司の現地における問題として終審せしめるのでなしに、これを日吉社領ということの理由で、院の議定にまで持ちこみえているのであるが、この保籠が、日吉社そのもののためのものであるよりも、まず第一に清衡自身としての押領に属していたろうことは「是《ここ》に有宗朝臣《ありむねのあそん》を任《にん》じてより立て始むると雖《いえど》も、其の後、国司の時、いよいよ田数を広むるなり」とあることで、ほぼ明瞭であろう。有宗というのがいつ陸奥守であったかは明らかでないが、少なくとも良兼より数代前であったことは確かであり、そのように永年にわたっての私領化が、はじめから日吉社のためのものであったことは考えにくいのである。それを日吉社領という形にしたのは、国司のはげしい追及をかわすための手段であったろうが、逆に日吉社の側からすれば、そのような受領たちの、官権という名の私権を強行する国領化政策に対しては、実力をもって国司権を排除しうるような在地領主と結託することによって、問題はあるにせよ、ともかく、その荘園支配＝本所権の設定をなしえたのである。

このような事情は、摂関家にとっては、さらに拡大された切実な問題であった。一の人としての所領がすでに数多く奥羽に存在したことは明らかであるのに、それに対する現地国司の追及が何ら仮借するところのないものであったとすると、あたかも『愚管抄』における頼通《よりみち》のことば[6]のごとく、また『師通記』にも事実そのように言われている通り、「指して文書な」（前出『後二条師通記』寛治六年十二月小但嶋荘の条）くしてこのような所領支配を続けていた摂関家としては、その動揺もまた一段とはげしかったと思われるのである。

こうして摂関家は、もとより、それぞれの理由にもとづいて、その権原となったところの現地有力者を、それぞれに各所領の在地支配者として組織していたには相違ないのであるが、それらを個々的にではなしに、全体として守るための現地領主を必要とするようになってきたと思う。平泉藤原氏は、このような要請に応えつつ、摂関体制下の奥羽総領主権を確立するのではなかろうか。

『台記』仁平三年のかの五箇荘の記事は、右のような角度からみるとはなはだ興味ある事実に富む。この記事には、基衡の摂関家領における支配者としての地位はまったく示されていない。それなのに、忠実にしても頼長にしても、ただ基衡の意志に、荘全体の運命をかけていることが知られる。してみれば基衡は現地における最高の荘官であると言えよう。しかし、その地位が何ら摂関所領に対する非法に由来するものでないことは、彼が荘の本年貢を忠実に貢進していることでわかる。また、かりに彼を荘官の一種と言ったのではあるが、それが通例の荘官と異なる点を見逃してはならない。それは五箇荘全体にわたる荘官であるから、言ってみれば、摂関家領の奥羽総領家である。たまたま頼長に譲られた分だけが基衡を総領主としたものであったとは思われない。『中右記』の保安元年六月の条には、陸奥小泉荘の荘官も清衡であったことが知れるから、だいたいにおいて、清衡・基衡は、そのすべてに対して、事実上の現地総領主権＝総領家職を委ねられていたとみなければならない。

『台記』には本所に対して、優に対抗できるような不敵な基衡がえがかれている。しかし、小泉荘の年貢横領問題が発覚したときの清衡の進退はまことに慇懃をきわめたものだった。(7)彼は自分をおとしいれようとする定使兼元丸《かねもとまる》という者の不当を訴えるために、忠実の厩舎人兼友《うまやのとねりかねとも》というのが、現地調査に降って来たのに特使をそえ、摂関側のあつい被護のもとにその宛を晴らすというような、涙ぐましい魚水の合体をみせているのであって、初期における両藤原氏の結合は、きわめて友好的であったのではないかと考えられる。ということは、清衡の方としても摂関家の側としても、この結合が相互に望ましいものであったこと、つまり、相互に「与え、そして、取る」関係にあったことを示すものであったと思われる。摂関家は、奥羽国司に対抗するための現地権力として、清衡にその家領に関する総荘官職としての地位を与えた。それによって、受領からの政治攻勢をしのいだ。ところで、奥羽の国司権を摂関家の保護のもとに、局所的な形でなしに、全領的な形で排除する権力というのは、摂関体制下に、言わば第二の国司権として承認された政治権力である。それが高度に政治領主的な性格を、半ば公的にもつようになるのはこのためであった。したがってまた、摂関家領下のそのように政治性をもつ総現地領主権は、一方において「在国司」と呼ばれるところの在地領家というようなものになるのであって、ここでは詳論することができないのであるが、平泉藤原氏は、このような領主権を、おそらくその従者ないし一族を直接的な個別荘官として任命し、みずからはそれを総括する形で維持していたのである。

かつて辻善之助氏は、『後二条師通記』寛治五年に、清衡がはじめて関白師実のもとに馬二匹を貢進し、その時に文筥《ふばこ》には二通の解文《げぶみ》と申文《もうしぶみ》が納められていたとあるのをもって、清衡の所領寄進であろうとされた。その時、辻氏は主として、清衡の方から結びついてゆく理由だけを考えられていると思うが、それとともに、ある意味ではそれ以上に、そのような形式上の寄進を促し、必要としていた摂関家側の事情も評価せねばならないであろう。ただ権威であって権力のなかった摂関家としては、その権威を否定してかかる受領の政治攻勢に対しては、権力を獲得することなしに、権威であることすら不可能であった。平泉藤原氏は、このようにして奥羽国司に対抗する権力として、実力なき摂関権威の歴史的要請のもとに、表面彼の方から手をさしのべるような形で、結びついていったにすぎなかったのである。しかし、それは平泉藤原氏にとってさして重要でなかったということではない。いったい、平泉藤原氏は秀衡が嘉応二年（一一七〇）に鎮守府将軍となり（『玉葉』巻五嘉応二年五月二十七日〈国書刊行会本『玉葉』一の一〇二頁〉）、ついで治承五年（養和元＝一一八一）に陸奥守となって（同巻三十六治承五年八月十五日〈同二の五二三頁〉）その事実上の奥羽君主権を合法的に正当化するまで、清衡はもとより基衡にしても、いかなる公法上の権力保持者であったかまったく不明である(8)。そのように公法的に、つまり政治的に未熟で不安定な平泉藤原氏の事実上の奥羽君主としての地位を、歴史現実的に半公的な政治君主としての地位にひきあげ、奥羽の準公法的な統一国主権(9)としての政治上の保証をも与えて、平泉政権成立の制度上の地ならしをしたものが、この摂関体制下の在地領家という政治領主としての地位であったのである。

五箇荘の年貢と貢馬

『台記』にみえる五箇荘の年貢本数は、

高鞍荘　金（一〇両）・布（二〇〇反）・細布（一〇反）・馬（二匹）
大曾禰荘　布（二〇〇反）・馬（二匹）
本良荘　金（一〇両）・馬（二匹）　別に預所分として金（五両）・馬（一匹）
屋代荘　布（一〇〇反）・漆（一斗）・馬（二匹）
遊佐荘　金（五両）・鷲羽（三）・尻馬（一匹）

である。

以上の本年貢に対して、すでに忠実の時から本数改訂の交渉が基衡との間にすすめられていたが妥結せず、ついに仁平三年（一一五三）にいたって、頼長と基衡との間に諒解が成立した。大体から言うと、員数の引上げが焦点で、種目の改訂はほとんど問題になっていない。さていったいこの本年貢はいかなる性質のものであろうか。というのは、ここにはまったく米がみえていないことがいぶかしく思われるからである。『台記』には、高鞍・大曾禰両荘については「田多地広」と言っているから、ここにみえる金布馬などはその代納かとも思われるが、それにしても、このように種目の多い貢進のしかたではその換算も複雑であると思われるので、代納分もなかったというのではないが、いちおうそれとは異なる性質のものと考えたい。『延喜主計式』《えんぎしゆけいしき》などによれば、奥羽両国は調庸《ちょうよう》のうちまたはそのものとして、広布《こうふ》・狭布《さふ》ともに、米穀を納入する建前にさえなっている[10]のであるから、もし、金布馬などがその米穀納の代納だということになると、『延喜式』などに言われているところとちょうど逆な現象となり、その理由の説明に苦しまねばならぬ。それは単純に物納が金納化したという変化ではなしに、ある物納の他の物納への多様化ということになっているからである。わたくしもその解決のための決定的な手だてを持ってはいないが、そのための手がかりにはなろうかと思われるものについては、多少私見を述べることができる。

まず『兵範記』《へいはんき》所載保元二年三月二十五日付官符（『兵範記』保元二年三月二十九日条〈史料通覧本『兵範記』一八六―八頁〉）は、保元《ほうげん》の乱の首謀者宇治左府《うじのさふ》頼長らの没官後の所領を改めて後院領《ごいんりょう》と定めて、次のごとく言っている。

件《くだん》の庄・牧などは、没官先《さき》に畢《おわ》んぬ。よろしく当院の領として、官物《かんもつ》に於ては、国庫に弁済し、地利に至りては、院家に徴納すべし。ただし元来の不輸の田畠は、この限りにあらず

頼長領にはもとより、その諸国に散在する二四所の荘牧とともに、かの五箇荘も入っている。そこで、官物は国庫納、地利は院家納というのが、没官後の方針であったともみられないことはないが、「元来の不輸田は、この限りにあらず」と但書がある以上、それは没官以前からの建前であったとみてよいであろう。もしそうだとすれば、摂関家領＝左大臣家領にも原則としては、不輸に限らない荘園がかなり一般的にあったかも知れないことを示す例として、種々の問題をはらむことになる。今そのような問題にまで立

ち入る資格はないのであるが、もし奥羽の五箇荘が、その「官物に於ては、国庫に弁済し、地利に至りては、院家に徴納」すべき荘園だったとすると、ここに米がまったく出てこない理由がよく理解できる。金以下はいわゆる地利に属し、荘園はそのような地利徴収権として設定されていたことになるであろう。『延喜式』の分類に従えば、諸司別納ないし交易の雑物にあたる種目にほぼ相当したものと考えてよいのではないか。

次に注意されるのは、五箇荘を通じて、最も基本的であったと思われる種目は馬であって、各荘に共通し、次は四荘にわたる布ついで三荘にみえる金である。布は『延喜式』では調庸に指定された種目であって、それがここにもこのように重要な項目として登場し、実質的にはこの引上げに焦点が合わされていたと言えなくもない、かの交渉過程に、奥羽の生産力の拡大してゆく方向を看取できる。その点では金は確かに奥羽としては特産とみられていたのであるが、五箇荘として基本的であったかどうかは疑問が持たれるのである。それに対して、馬が共通に五箇荘の貢進種目にみられるのは、これら種々の項目の中において、それが基本的つまり本来的であったことを示すのではなかろうか。わずか一、二匹の貢進が、実質的にどれだけ重要であったかという見方をここですべきではない。詳論する準備も余裕もないので、ここではただ推測を要約しておくと、奥羽におけるこれら荘園の起源となったのは現地から臣礼をとる形式としての貢馬ではなかったろうか。それによって、身分的な保護関係が成立し、それが荘というような所領支配にまで発展して、経済的保護関係すべてを包むようになったのではなかろうか。『師通記《もろみちき》』に寛治五年（一〇九一）、清衡のはじめての貢馬が特記され、それが奥羽における摂関家領の起源となっただろうという辻氏の古い推定は改めて意味深いものとなる。『殿暦』にはそのほかにも貢馬の例が示されているが、(11)そのほかにも奥羽荘園に対する摂関家の支配がほとんど常に厩舎人を通してなされている(12)ことなどからしても、貢馬体制を原型としてそれが拡大していったのではないかという推定は割合妥当性を持つのではないか。もっとも初次的な古荘園の原型について、一つの試案として提起してみたい。貢金についてもこれとの対比において何か考えられそうに思うがそれは別の機会に譲ることにしたい。

（原題「奥羽藤原氏と荘園の問題」、『岩手史学研究』二六〈一九五七年十月〉より収録）

註

(1) 大正四年中尊寺における講演（「平安朝仏教史上に於ける中尊寺の地位」「奥羽沿革史論」「日本仏教史之研究」所収。『日本文化史』には「藤原三代」と改題して載せている）。

(2) 『大日本史料』三編および『大日本古記録』『師通記』の同日の条には「一条院御時、於記録不被仰」とある原文に対して、一条院については「後三条院カ」、記録については「所脱カ」と傍注している。

(3) 吉田東伍氏『大日本地名辞書』の説による。同奥羽篇四四二一頁参照。

(4) 保延四年十月二十六日付「上遠野文書」（竹内理三氏編『平安遺文』五の二〇二一頁。二三九五号史料。わたくしはこの文書は原文通りでないと思う）。

(5) たとえば小但嶋荘が問題になったころに限ってみても、まったく同じような例が十一月十三日に参河青野荘、二十二日には武蔵土井荘で起こっている。

(6) 「五十余年君ノ御ウシロミツカウマツリテ候シ間、所領モチテ候者ノ強縁ニセンナンド思ヒツツヨセタビ候ヒシカバ、サニコソナンド申タルバカリニテマカリスギ候キ、ナンデウ文書カハ候ベキ」云々（『愚管抄』第四、岩波文庫本一五八頁)。

(7)『中右記』保安元年六月十六、七日(前掲本五の二三五頁)。ここでは、小泉荘の定使が、清衡に年貢横領の罪を着せようとしている。おそらく清衡はその「荘官」であった。

(8)『古事談』第五(前掲本一二四頁)に清衡を鎮守府将軍と言ったり鎌倉時代の中尊寺文書に彼を陸奥守と呼んだりするのはまったく俗説であり、陸奥出羽押領使というのはほぼ承認されたその肩書であるが、これとて公的な職掌が通称なのか、かならずしもはっきりしないのである。

(9)『経蔵文書』に出羽陸奥両国々司とも出羽陸奥両国大主というような言い方をしている(建武元年の衆徒ら言上)のは、要するにこのような事実上の国司権について俗称と言ってよいであろう。

(10)この点については拙稿「古代における陸奥国」(『文化』一七の三)参照。

(11)これについても辻氏前掲論文を見よ。辻氏はこれを一貫して、清衡の貢馬と同じ意義をおびるものと考えられている。

(12)まず『台記』に年貢督促に下向したのは厩舎人長の勝延貞であったとあるし、清衡の年貢抑留問題の時下向しているのも厩舎人兼支というのであり、『古事談』では忠通が円隆寺の額をとりもどすために基衡のもとに遣わしたのも厩舎人菊方というのであったという。

3　中尊寺領の歴史的性格

平泉政権あるいは平泉文化というものがどのようなものであったかということは、日本の古代史において、かなり重要な意味をもつ。政治にも文化にも見放されたところでの政治あるいは文化の創造を、それは意味したからである。

そのために、平泉政権あるいは平泉文化がそのものとして、どのようなものであったかという研究もたいせつなのであるが、それにおとらず、いったい、どのようにして、そのような政治権力あるいは文化が成立することができたかということ、それを支えた経済や生産の構造はどうなっていたかということが、重要な問題になってくる。

前者については、平泉政権という政治権力形成に視点をおいて『奥州藤原氏四代』でそのだいたいを述べておいた。平泉文化が形成されるまでの東北における仏教文化の系譜については、他日別稿でふれることにしたいと考えている。そこで本稿では、平泉の権力その文化を支えた基礎構造を解明する一つの試みとして、そこにおける寺領の性格を検討してみることにしたい。

この問題については、一九五九年度の東北史学会で、そのおおよその見通しだけを報告しておいた。その後、かなり変更せねばならない理論上の欠陥も反省されてきたし、一部追加すべき史料も知るようになったので、改めて、やや詳しくこの問題にふれることにした。

中尊寺領の存在形態

平安時代における平泉諸寺院の所領についての詳細は不明である。中尊寺経蔵《きょうぞう》には、経蔵文書として知られる中尊寺関係史料が保存されているが、その中には、平安時代の寺領について、二つの文書が残されている。一つは天治三年（一一二六）三月二十五日付「経蔵別当領宛行状」（写）であり、もう一つは同じ所領に関する「経蔵別当蓮光《れんこう》譲状」（写）で、保延六年（一一四〇）三月二十八日付のものである。この関連する経蔵領関係文書から、伊藤信氏「辺境在家の成立」（『歴史』十五集）は、中尊寺領について、次のような展望を与えられた。

すなわち、天治三年宛行状によると、そこには、二種類の所領があった。一つは骨寺《ほんでら》村のように一括所有され、したがって農民の独立が弱く寺家の直務支配の強い型のものと、もう一つは、御堂出入料《みどうしゅつにゅうりょう》田《でん》・燈明料《とうみょうりょう》屋敷のように、個々の田地・屋敷が分割所有の対象となり、したがって、それだけ農民の単位生産体としての独立が顕著になっているものである。また、天治三年の場合には、屋敷として表現されているものが、保延六年の場合には畠というふうに言いかえられている。それは、屋敷と畠とを統一的に把握する収取体制の存在を意味するので、つまり在家的収取体制の成立を物語るものである。

だいたい、以上のような見通しをたてられたのである。これは重要な問題提起であったが、平泉政権下の収取体制の一般的性格、また、それに規制せられて成立する諸寺院の収取関係の特殊な性格というような点はあまり深く問題にしないで、在家体制の一般的理解に問題を移されたために、根本のところでまだ検討を要することがいくつかあるように思う。

そこで、史料は中世のものになるが、その寺領の具体的な存在形態をまず考えて、そこから、構造分析の手がかりをつかむようにしたい。

経蔵文書によって、中世の中尊寺所領として確認できるものを掲げると、ほぼ次のようになる。

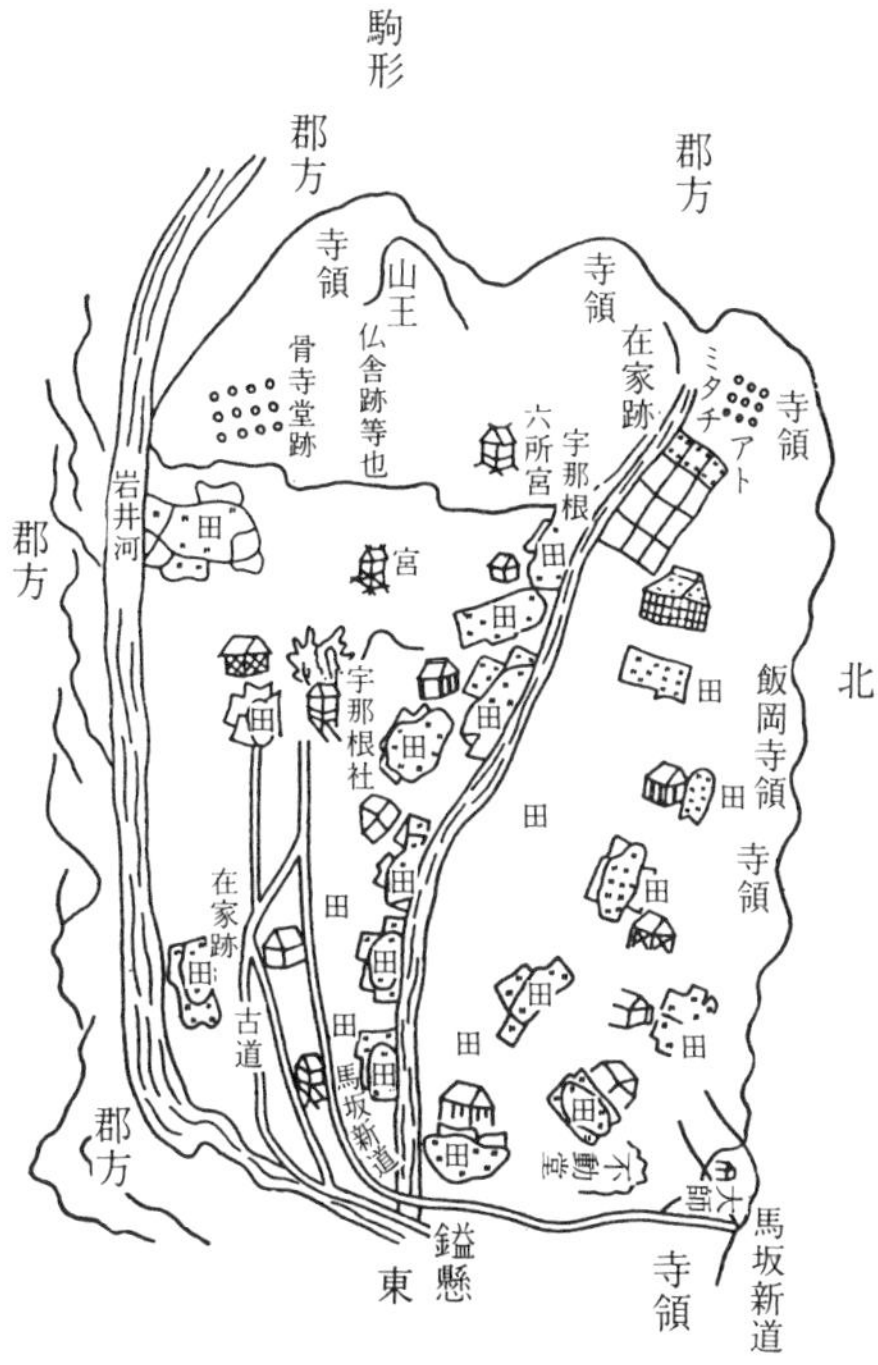

骨寺村絵図（『東北の歴史』上巻による）

磐井郡骨寺村　　胆沢郡宇津木禰村

磐井郡太田庄　　胆沢郡北俣村

胆沢郡瓰尻村　　〃阿須賀田村

〃小前沢村　　〃小山村

〃瀬原村　　〃栃木郷

〃黒沢村　　〃石崎村

〃母体郷　　栗原郡白浜村

江刺郡辻脇村　　田川郡狩川村（以下出羽国八所）

〃倉沢村　　毛越寺領

斯波郡乙部村　　柏崎村　以下六村

このほかに、最近知られたものに、宮城県迫町中目氏所蔵の延元二年（一三三七）九月二日付「北畠顕家国宣」がある。宮城県図書館所蔵の写真によれば、中尊寺領として、出羽国秋田郡に左の八カ所が追加される。

岩野村　破岩村（下上）　雄友村　白山村　女法寺　千女寺　成福寺

経蔵文書である嘉暦二年（一三二七）三月日付「中尊寺衆徒等解状」には「羽州狩河以下八ケ所」とあるが、その八カ所というのが、あるいはこの秋田郡の所領のことかも知れないが、いまのところ、両者の関係はどうなるのか、確かなことはわからない。

さて、以上の寺領の成り立ちを通して考えられることは、次のようなことである。すなわち、ここでは太田荘（毛越寺の南側を流れる太田川の下流地域で祇園社付近であろう）のように荘名をとるものや寺家の末寺支配の形をとるものがいくつかあるが、それを除く大部分のものは、ほぼ一様に、村または郷が、そのまま寺領としてあらわされているのが、まず注意される。これは、その寺領が大規模な荘園支配を実現しておらず、散在的に村落単位にその知行を実現していたことを示すものである。もっとも、その中でも、胆沢《いさわ》郡の南部、衣川《ころもがわ》よりの地帯に、それがかなり集中的に分布していたことは知られるが、それにしても、数村一括の知行形態その他荘園という村単位以外の支配を実現していない点にかわりはないのである。

それだけではない。たとえば骨寺村のようなものは、往古以来の私領として、また小山村、黒沢村などというのも、ほぼこれに準ずる私領のような形で、だいたい一円知行に近いようなものになっていたらしいが、それ以外の寺領については、はたして、一村においても一円＝一括知行が実現していたかどうか、よくわからない点があるので、上にあげた寺領の中には、一村一円が寺領であったことを示すものよりも、むしろ、その村の中に零細な寺領が何町もしくは何段かずつあったことを示す例が多いのである。

たとえば、金色堂供養法田二町は胆沢郡栃木郷にあり、白山講田一丁屋敷は乙部村にあるというように、郷村名は、個別的な寺田・屋敷などの所在を示す記載が多いので、建武＝康永あたりから後、つまり南北朝内乱期のころから、そのような何町もしくは何段かの寺領のあった郷村が、あたかも村ぐるみ寺領であるかのように記載されるようになっているのは、寺領の新しい一円化的拡大の結果をあらわしているのではないかと思われるのである。

その次に注意を要するのは、そのように一村にも一円的知行がおよんでいないことが、寺家衆徒らによる寺領の分割知行と深い関係があるということである。建武元年（一三三四）八月の大衆訴状に「瀬原黒沢白浜三箇村衆徒等配分知行」とあることでわかるように、寺領はもともと、一山塔頭寺院の分割知行のもとにおかれていたのである。そのさい、その「衆徒等配分知行」も、けっして村落単位になっていたのではなく、すべて、たとえば御堂出入料田・燈明料田・修正料田・白山講田というふうに、本来的にはその用途に応じた個別料田の集合体として成立していたのである。したがって、一村内の寺領も、いくつかの寺塔の、幾種類かの料田群に分かれて分割支配されていた。当然、逆に一つの塔頭寺領は、いくつもの村落に分かれて散在するというふうだったのである。

例をあげると、瀬原村には、経蔵分として御堂出入料七段、燈明料畠（文殊講《もんじゅこう》油畠というのと同じかも知れない）一所、屋敷一所などがあったが、ほかに同村河原宿には、院主分田畠があり、光勝《こうしょう》寺《じ》修正田五町（それも何カ所かに分かれている）、大堂修正田六段、愛染明王《あいぜんみようおう》修正田四段、大日堂免畠《だいにちどうめんはた》一所、常住院《じようじゆういん》修正田三段なども、同じ瀬原村にあった。もっとも、経蔵と大長寿院などは、かなり古くから別当職が兼帯されるというようなこともあったらしいから、その知行形態も、その分だけ単純化するとも言えるのであるが、それは本来のありかたではないのである。

これに対して、白山宮の知行は、瓺尻《みかじり》、小前沢《おまえざわ》村にまたがっていたのに、金色堂所領としての白山講田は黒沢村に、経蔵所領としての白山講田は乙部村にあるという状態であった。

だから、一村に一つの寺塔の料田畠しか示されていないことは、かならずしも、寺院としては、それ以外の所領がそこにないことを意味せず、したがって、一円寺領としての可能性がないとは言いきれないのであるが、しかしこれらのことから考えて、一円知行という形式が、ここでの寺領形態として、本来的なものでなかったことは明らかであると思う。

建武二年八月の「金色堂別当頼勝譲状」の中には次のようにある。

一、金色堂寺役田七町三段寺家御領四箇村在之

これは金色堂寺役田《こんじきどうじえきでん》が中尊寺領四箇村の中に散在しているという意味であろう。七町三段というのはそうとうの広さなので、これを一村内に設定するのが困難だったのかも知れないが、かりにそのような事情で分散したのであったとしても、それは四箇村にまたがると、一村平均一町八段強ということになる。他の例からおすと、それらは村の中でも、また何段かずつに分散していたと考えられるのである。

そうすれば、寺領の零細分散性ということは、もはや疑いえないものとなる。いったい、そのもとづく

ところは何であったろうか。

この問題は、直接には、中世における問題である。しかしながら、それは中世になって始まった問題ではないと思われる。なぜなら、中世もだいぶすすんで、鎌倉中末期になると、そのような孤立分散的な所有関係の中から、それなりに、その統一をはかる動きも出ていて、それは中世が否定すべく目指した旧体制であったことがわかるからである。したがって、そのような事態は、成立期からの寺領構造に規制せられていたとみねばならないのである。

それなら、本来、平泉においては、寺領はどんな成り立ちをみせていたか。

寺領類型の構造分析

天治三年（一一二六）三月二十五日の「清衡《きよひら》在判《ざいはん》経蔵領《きょうぞうりょう》宛行状《あてがいじょう》」からは、寺家による所有＝収取形態として次の三種を区別することができる。

その一は、骨寺村もしくは出入料田（免田）のように、はっきりした田地支配になっているものであり、

その二は、諸村における在家支配という形をとっているものであり、

その三は、毎月御仏供料《おぶつぐりょう》や毎月箱拭料《はこぬぐいりょう》などのように、高御倉《たかみくら》あるいは御政所つまり藤原御館政庁から現物支給の形をとっているものである。

この三つの中では、当然、第一の型が重視されるであろう。しかし、この型が寺領の本来的な形態を示

しているかどうかは、慎重に考慮する必要があろう。いったい、この三つの収取形態は、型として、かなり性格を異にしているので、まずそれらの差異を明らかにしておくことがたいせつだと思う。

そこでまず第三の型であるが、これは寺院経済が、まだ御館経済の一部をなしており、したがって、寺家の独立した経済体制が、またよくととのっておらない段階を、型的に示すと言ってよいであろう。中世になると、このような料物支給は、すべて用途別に寺役もしくは役田＝料田というように、寺家による直接的な徭役《ようえき》支配もしくは所領支配に転形するのである。型的にみる限り、第三の型が、所役型や料田型より古く、また所役＝徭役型が料田型よりも古いということは明らかである。

ところで、第二の在家収取型であるが、これは、最近の在家論からいっても、寺奴《じど》的なもののコローヌス化したものとみるよりも、班田農民の系譜に列なるものの、寺家による半奴隷的収取つまり徭役制的収取体制への再編形態を示すものというふうに考えるべきであろう。型的に理解する限り、第三の型が寺家の直接収取制へと形態転化する時の最初の形態は、この第二の在家型になると言えるのではなかろうか。それがさらにすすんで第一の型に至るということは、役田＝料田ということばからも、たやすく想像することができる。

そこで、この所領＝収取の三つの型から、寺領成立の方向について、次のような推測をくだすことができる。平泉諸寺院の収取形態は、そもそもから単一の形をとったのでなしに、天治三年の経蔵領宛行状にみられるように、さまざまな形態のものから成っていた。それらは大別して、上記の三類型に分けて考えることができるだろう。しかし、それらさまざまな形態の中で、寺家経済＝収取の基本をなしていたのは、おそらく第三の型であった。すなわち、そこでは、寺領というような大土地支配の領主制経済は本来的でなく、藤原氏という奥羽の半公的（後には純然と公的）な政治君主を大檀那とする官寺としての収取形態が基底的な意味をもったであろう。だから、具体的には、奥羽における正税・公課によって、その経済がまかなわれていたと推測される。仏供料・箱拭料が高御倉・御政所から支給されるというのは、その原型を示しているのである。中尊寺や毛越寺には、藤原氏の氏寺という面とともに、奥羽を一つの独立国家と見たてた上でのその護国之寺というような意味もあったことは想像してよいであろう。そしてかつての東大寺や国分寺の維持のために、律令政府や国衙がとったのと似たような半官的な財政方法がそこではとられていたと思われるのである。

このような寺院経済は、だんだんに寺家を直接領主とする収取体制に統合＝一本化されていったようである。それは一般的には、竹内理三《たけうちりぞう》氏が『寺領荘園の研究』などにおいて明らかにされたように、封戸ないし正税などの官物の荘園化と言われているものと、だいたい同じような性質のものであったろう。それらは結局、さまざまな形での諸用途料田化して所領を実現し、旧来の所領と、もしくは相互に、結び拡大していったようである。その中には一括支配にまで発展したものもあったろう。だが、大ざっぱに言ってここでは、徭役支配を主として人身の個別支配を維持するものと、それらをさらに、用途別の料田支配にすすめている段階とが、まず区別される。料田が役田であるのは、それが本来は寺役勤仕を意味したものの寺田化であることを物語り、料田が免田であるのも、それが公事免＝雑免であること、つまり本来的には所役奉仕の所領転化であるという考え方を背後に負っている。在家的収取形態は、そのような封戸的収取形態が、寺家の直接的収取に移行するさいの基本の形態として、人身的な個別戸的課役支配の型を残しているものとみられるのである。

さてそれなら、そのように、一方には個別的な人身の徭役支配を定着せしめ、他方には支配の料田的所領化への推転を促している理由は何であるか。伊藤氏によれば、それは農民の生産経営の段階に規制されたものになりそうであるが、かならずしもそういうものではないであろう。要約的に述べると、寺家の収取体制において、寺家の運営上、特殊な個別人身支配を必要とするものについて、寺役型徭役支配が残り、それを特に必要としない寺役について、その役田化つまり所領を通しての用途料の物納を一般的に認めることにしたと考えるべきである。

寺役の基本形態は、おそらく特殊な仏神事役もしくはそれに関する雑事役であったろう。そこでは、些細な雑事にいたるまで、儀軌《ぎき》、先例が要求され、したがってその勤仕には、特定戸＝特定人の指定が必要だったと思われるのである。

中尊寺領の在家役が、じっさいにどのようなものであったかはつかみにくい。しかし、それは、寺家の仏神雑事役を本来とした新しい意味での神戸、もしくは原初的な形態における神人公人《じにんくにん》的な、このさい散《さん》在神人《ざいじにん》的なもの、そういったような役奉仕者であったろうことは推測できるのではなかろうか。もっとも、これは本来の形態について言っているので、時の経過とともに、それは解放度の低い隷属農民という性格以上のものでなくなるのであるが、はじめからその収取の性格を農民的生産を中心にして考えるべきでないであろう。

さてこのようにして、さまざまな形の所領が成立したが、寺院を全体として藤原氏の下の官寺とみ、したがって、寺家経済の主要な部分が、そうとう程度まで御館政府の政治保障に依存するという事情は、藤原氏滅亡の時まで続いたと思われる。だから、その寺家経済は、大きく分けて、御館政庁の公権による正税＝官物の保障と、そのかなりの部分を寺家直轄支配に切りかえた、したがって封戸もしくは正税の便補地というような性格をもつ用途別諸料田支配、の二つの上に立っていた。平泉政権の滅亡とともに、御館政庁による官物保障のいっさいが崩壊して、ここに、各寺塔別のしかも個別用途料田的な分散支配という中世的所領形態が出現するのである。

領主権の中世的変化

中世における寺院経済が、各寺塔の零細規模のかつ孤立的な所領支配の総体として発足したことが、中世領主としての寺家の立場を極度に弱め、したがって寺家領主権の何らかの形での中央的統一を促したことは明らかである。個別的な料田を足がかりに、これを一村一円の支配に拡大するための努力を促したことも疑いない。なぜなら、このように孤立分散的料田の総体としての寺領支配の形式は、一円化の方向をとりつつある地頭に抵抗し、農民統制を徹底させることを困難にしていたからである。たとえば、嘉元三年（一三〇五）三月日の中尊寺大衆訴状によると、数十年の間にわたって、地頭葛西《かさい》宗清《むねきよ》が数千貫の仏神事用途を押領するというような事実があるのであって、このような事態に、効果的に対抗できる権力集中は、中世初期の寺家にはなかったのである。

そこで、このような寺領のもつ構造的な欠陥を、それなりに克服もしくは穴うめしようとする動きが、鎌倉中末期から南北朝期にかけて進行するのである。すなわち、そこにはたとえば、諸寺塔の間における別当職の統合もしくは一揆が起こり、そのような形での権力集中によって新体制を固めようとする努力が認められるのである。そしてそのような傾向をさらに強めるものとして、衆徒＝諸寺塔による配分知行つまり小領主的独立を中央に統制しようとする惣別当権の強化策がおしすすめられ、その頂上形態として中尊寺毛越寺《もうつうじ》両別当職の統一も、一時的にせよ実現して、単一の雑掌による両寺諸寺塔への統一支配がおしすすめられるのである。それによって、寺家は、はじめて地頭葛西氏などに対しても、かなり強力な抵抗を対置できるようになったのである。

ただ、その際注意しておかなければならないのは、寺家の雑掌が、寺内衆徒らの利益に反して、地頭と手を結んで寺家の権力集中を遂行することさえあったということである。それはこの段階での寺家の第一の目標が、一山諸寺塔の小領主的独立の統制＝中央惣別当職による集権体制の確立にあったことを示すものである。寺家領主制は、この段階にいたって、一つの封建的統一領主制としての性格をおびるようになったといってよい。

中尊毛越両寺惣別当職の連合＝統一は、すでに鎌倉中期には実現していたらしい。弘長元年（一二六一）九月には、両寺権別当による経蔵文殊油畠寄進に対する安堵状《あんどじょう》が出されている。この両寺というのは中尊毛越両寺のことと解されるが、実のところ、この二つの寺家別当権の統一が、どのような理由によるもので、またどのくらい続いたものか、よくわからない。しかし、たとい、ある限られた期間の兼帯であったにしても、このような連合＝兼帯の出現それ自身が、寺家権力集中への動きを代表する一事例であり、またそれが結果において、権力集中への傾向をいっそう強める役目をはたすようになったことは疑いないであろう。

同じ経蔵文書の文永九年六月の幕府御教書《みきょうじょ》によれば、先例を守って配分知行の独立を主張する各寺塔の衆徒らと、新儀の沙汰としてその惣領主制的高権を強く主張する両寺雑掌との間に、はげしい争論がおこり、訴訟が鎌倉にまでもちこまれたことがわかる。さすがの幕府も、この猛烈をきわめた先例と新儀の内輪争いには、すっかりお手あげのかっこうだったらしい。裁許はあたらずさわらずのものになっているのである。特にそこでは、別当が、承仕《しょうし》の公人、すなわち寺中全体のための雑仕人《ぞうしにん》を、寺役のほかの雑役《ざつえき》に使用したことが問題になっているのであるが、それほどに、寺中にあっては、各寺塔の独立性が強く、本来的に寺家権というのは、それら寺塔の小独立の総体として成り立っていたことがわかるのである。したがって、ここに言われているような惣別当権の形成が、寺家の先例にとって、画期的な新儀であったことは、いうまでもないのである。

寺中惣領権が、地頭との共謀によって寺塔衆徒らを圧迫したことについては、前引嘉元三年三月の大衆訴状に明らかである。すなわち、惣地頭葛西宗清が数千貫にものぼる仏神事料物を押領したのをはじめ、かずかずの非法を行なった際に、衆徒らの代官勝弁もこれに同心して、非法の片棒をかついでいたのである。勝弁はもと金色堂別当職で、当時は寺家雑掌であった（もっとも、訴えられたときは任を辞していたようである)。だから、これは寺の惣別当権が、寺中各寺塔衆徒らの伝統的な分割知行権を中央に集中する手段として、地頭による侵略とさえも手を結び、衆徒らの利益の犠牲において、その惣支配権を確立しようと策動しているものとみなしてよいであろう。大衆らは、地頭雑掌間の諒解事項はすべて無効であると、はげしく抗議しているのである。

さきにあげた中目氏所蔵延元二年(一三三七)の「陸奥国宣」は、この段階における惣別当権《そうべつとうけん》と寺塔知行権《じとうちぎょうけん》との関係をあざやかに物語っている。この文書は、延元二年現在において、秋田郡の諸寺領は別当管領の地であることを示しているが、しかし、それは本来は、衆徒知行の地であったらしいことをも間接に物語っている。それは次のようないきさつからわかるのである。

当時たまたま中尊寺修造のことが問題になっていたので、そのために、別当管領の寺領を、衆徒らに知行せしむべき綸旨が出された。しかし、別当はこれを避《さ》り渡そうとしないので、陸奥国庁では、現地の地頭たる小野寺や平賀らに、その執行を命じたのである。いったい、寺院修造という、寺家にとってもっとも重大な仕事を遂行するにあたって、現に別当管領下の寺領を、わざわざ衆徒知行へと転換せしめるという措置がとられたのは、寺院の主体が、本来は別当でなしに、寺中衆徒らにあったらしいこと、したがって、それら寺領も、もともとは衆徒らの配分知行＝集団知行制のもとにあったか、もしくはその権限を留保して、ただその管理だけが別当に委ねられたものか、そのどちらかであったろうことを示している。南北朝期では、伝統的な衆徒知行権がまだその正当性を主張しえているが、しかし、大勢としては別当管領権が、それを抑圧して、新しい一円知行の方向が決定的になりつつあることも、この文書はよく物語っている。

寺塔相互間の領主権の連合＝一揆などについては、次のような例がある。この先でみるように、弘安二年二月には経蔵別当永栄《ようえい》は、大長寿院の四方堺について記録しているし、同じ彼の弘安三年五月の譲状は、大堂修正田のことなどにもふれているので、この段階で経蔵大長寿院両別当職の統合もしくは兼帯が実現していたことは明らかである。

各寺塔間の一揆については、やや年代がくだるが、永享八年（一四三六）二月には、金色堂別当と経蔵別当とが、若年の故をもって、大小事について協力しあう旨の契約状を認めている。その前にも、料田の相博《そうばく》などで、相互に協力しあったりしているのだから、新しい連合＝協力態勢が、一般的にすすんでいることがわかる。ただ、それが、どれだけ永続的なものであったかはわからない。

「東北地方の在家に関する一考察」（『歴史』七）において誉田慶恩《ほんだけいおん》氏が、いわゆる古典的在家の田在家的変容を、さらに前掲論文で伊藤氏が均等在家的体制への移行を問題にされているのが、あたかもこの時期にあたっていることをわれわれは注目すべきである。領主支配の以上のような変化は、まさしく基礎構造の一定形態における中世化に対応していたのである。

すでに石母田正《いしもだしょう》氏は、直営田的領主経営と在家的農民体制との対応関係を指摘され、田在家が、事実上、名主的経営に成長しているにもかかわらず、それがあくまで、名主としてではなく、在家として把握されているのは、領主直営的傾向が強く存続したからである――中世東北の在家について、そのような展望を試みられている（石母田氏「辺境の長者」『歴史評論』九二、九五、九六）。

しかしながら、在家が田在家的なもの、さらには均等在家的な段階にまですすむのが、基礎構造における重要な変容であることはいうまでもない。領主権は、そのような在家の進化を、ただ抑圧していただけではない。当然、それに対応するように支配形態に修正を加えながら、これを新しい領主制の基礎に再編していくのであって、田在家ないし均等在家ということじたいが、新しく修正された領主制的収取体制をも意味したのである。各寺塔の個別領主権に対する高権統制も、在家体制のそのような進化に対応した領主制の再編であって、それによって領主制の封建化がすすめられていったことはいうまでもないのである。

田在家や均等在家については、誉田氏や伊藤氏の分析に譲って、ここでは詳しく述べない。

在家農民のそのような百姓名主的上昇に対応して、個別領主としての各寺塔の地主的名主化も、急激にすすんだ。一方では、領主権の中央高権への集中によって、一個の名主職所有者の地位に顚落《てんらく》し、他方では在家農民の百姓名主的上昇におびやかされ、彼らの固有の支配は、地主的所有へと定着していったのである。弘安二年（一二七九）二月、経蔵別当永栄は、大長寿院の四方堺について、まことに詳細をきわめた記録を残している。あのせまい山内の地に、このような克明さで、寺塔相互間の境界が示されているのは、山内の寺域までもそれぞれの寺塔中心に、それぞれの名主的所有として分割知行されるようになってきていることを示すものである。それはやがて、寺塔が、宗教存在から経済存在に転じていく変化をも物語るものである。山内が、各寺塔の別当坊中心の組織に再編成されていく道はここから開けてくるのである。

（『文科紀要』（東北大学教養部）第六集〈一九六〇年十二月〉より収録）

コラム　藤原清衡の平泉移転時期

藤原清衡《きよひら》は、後三年の役後もしばらく奥州江刺郡豊田館（岩手県江刺市岩谷堂の地）にいた。そして、おそらく嘉保年間（一〇九四〜九六）、岩井郡平泉に移った――これまで一般にそう考えられている。わたくしは、このことに疑義を残しながらも、強いてこれを否定する確証も確信もえられないまま、しばらく通説に従ってきた。しかし、最近、中尊寺のことを見直す仕事をすすめながら、このこともあわせ考えているうちに、新しく確証をえたとまでは言えないにしても、これに関する史料の見直しから、通説の誤りを確信するにいたった。そして、清衡の平泉移転の時期は、嘉保年間ではなく、康和年間（一〇九九〜一一〇四）である、と考えるにいたっている。そのことについて、ここではふれておきたいと思う。

清衡がはじめどこにおり、いつ平泉に移ったかを示す同時代史料はない。これについてはじめて語っているのは、『吾妻鏡《あずまかがみ》』文治五年（一一八九）九月二十三日条である。清衡時代から百年近くも後のものであるが、平泉の生き字引のような物知りだった豊前介実俊《ぶぜんのすけさねとし》という者が、平泉の征服者として平泉入りした源頼朝に平泉の案内をした時に説明した清衡故事が、記録されたものであり、かつこの実俊は、のち幕府政所の家司の一人にもなる人である。ここに書かれていることの大筋は、まず信用に足るものである。

そこには、こうあるのである。

清衡、継父武貞（清原）卒去の後、奥六郡を伝領す。去る康保年中、江刺郡豊田館を岩井郡平泉に移し、宿館となす。

このことにより、少なくとも、後三年《ごさんねん》の役《えき》後、清衡が江刺郡豊田館にいたこと、康保年間、平泉に移転したことがわかるのである。ただし、ここの「康保」とあるのは、明瞭に誤伝であるか、もしくは誤写である。康保は、村上天皇の時の元号で、天暦―天徳―応和―康保と続く村上帝最後の元号、九六四〜九六八年。清衡平泉移転のころより一四〇年ほど前のことになる。

それなら、通説のように、これを「嘉保」の誤りとしたのが何によったか、わたくしは知らない。後三年の役の終わった寛治元年（一〇八七）から七年後、元号としては寛治の次に、嘉保というのがくる。おそらく、その程度の理由で、「康保」は「嘉保」に改められたものと思う。たしかに一字の訂正ですむ。それで無理なくまかり通ったのであろうと考えられるのである。

わたくしは、人物叢書の『奥州藤原氏四代』以来、康保＝嘉保誤記説に疑いをさしはさんできた。わたくしは、この誤りは誤聞ではなく、誤写によるものと思っている。そのさい、「康」字が「嘉」字に誤る可能性は薄い。しかし、「和」字を「保」字に誤る確率は高い。そういう理由から誤写による誤りなら、「嘉保」の誤りとするよりも「康和」の誤りと見る方が自然である――そういう疑義は残していたのであったが、強いて主張するまでにいたらなかった。

のである。

その後、関係史料の内容理解から、康保＝康和誤記説を、今度は主張できるようになっているのである。

中尊寺には、建武元年八月日付衆徒等言上状というのがあって、ここには、四十余宇あったとされる中尊寺堂塔の由来が述べられている。その冒頭には、長治二年（一一〇五）二月十五日、清衡は「最初院」を建立、これが鳥羽皇帝の勅願寺《ちょくがんじ》として中尊寺となったとある。中尊寺がはじめから勅願寺であったかどうかは別として、この長治二年中尊寺最初院草創は、ほぼ疑いない事実で、康永二年（一三四三）銘の中尊寺鐘銘にも、この長治二年草創説がしるされている。

ところで、この最初院は、比叡山で言えば根本中堂《こんぽんちゅうどう》に相当するものであった。「本尊・釈迦・多宝《たほう》并坐」とあるのであるが、『吾妻鏡』文治五年九月十七日条の平泉寺僧注文によれば、これは寺で「多宝寺」と呼び、「寺院中央」に位置していたとあるから、「金堂」相当の堂宇《どうう》だったのである。わたくしは、清衡晩年の天治三年（大治元年＝一一二六）百体釈迦堂が落慶し、これが金堂とされるまで、この多宝寺が、初期中尊寺金堂だったと思っている。百体釈迦金堂成立後も、両者あわせて、金胎両部金堂のように扱われていたのでなかったかと思っているのである。いずれにしても、この最初院多宝寺は、中尊寺を始める根本最初院だったのである。

ところで、平泉の寺塔の書き上げとして、もっとも重要であるものの一つ、『吾妻鏡』文治五年九月十七日条衆徒注文には、中尊寺について、こうしるしている。「清衡、六郡を管領するの最初、之を草創す」。さて、ここの「六郡管領」というのは「平泉移転」と読み替えられねばならない。清衡は豊田館にあっても、六郡を管領していたのであるが、豊田館時代に中尊寺を営むことはなかったと思われるから、これは、平泉に館を移し、ここにおける「奥六郡管領事始め」として、中尊寺造営に着手した、ということでなければならない。最初院は「中尊寺事始めの寺」であるとともに、「奥六郡管領事始めの寺」でもあったのである。その時が長治二年（一一〇五）だったというのである。

もし、清衡の平泉移転が嘉保年間だとすると、長治二年まで、十年かそれ以上になる。「六郡を管領するの最初」というには長すぎる。その移転をもし康和年間とすると、康和の次は長治である。六郡管領事始めの最初院ということが、ピタリくる。長治二年を落慶の時とみれば、六年間ある康和の半ばごろまでの移転とみればよいし、これを着手の年とみるならば、康和最終年（長治元年）ごろの移転と考えればよい。

中尊寺は、聖武天皇の東大寺ないし国分寺のように、清衡にとっては最高の政治だった。したがって、その事始め確認の年に最も近い時期を、その移転の時と定めるべきである。

（原題「藤原清衡平泉移転の時期について」、『日本歴史』第四二二号〈一九八三年七月〉より収録）

コラム　毛越寺のよみ方

毛越寺というのは、いうまでもなく、岩手県西磐井郡平泉町にある天台宗《てんだいしゅう》の別格寺院である。奥州藤原二代基衡《もとひら》が建立し、三代秀衡《ひでひら》の時に完成したと、『吾妻鏡《あずまかがみ》』文治五年（一一八九）九月十七日条にはある。これは、平泉滅亡直後、進駐してきた源頼朝の陣営に、平泉諸寺の衆徒が出頭して、その保護を求めて提出した注申状に述べるところであるから、事実と言ってよい。

同じ注申状には藤原初代清衡が中尊寺を、二代基衡が毛越寺を、そして三代秀衡が無量光院を、それぞれに建立、いずれも善美を極めたと述べられている。

さて、このうち中尊寺が「ちゅうそんじ」、無量光院が「むりょうこういん」であることに異説がない。しかし毛越寺については若干問題がある。

今日、寺側ではこれを「もうつうじ」とよんでいる。したがって、ごく普通の理解に従えば、このよみかたは「もうつうじ」ということで問題がないはずである。それなのに若干問題がある、と言ったのは、この「もうつうじ」というのには、寺もしくは地元としてのある種のなまりのようなものがあるらしいために、それをすこしく検討した上で、その正式呼称を決めてもよいのではないかと思ったりするからなのである。

「もうつうじ」は、漢字表記の「毛越寺」の音よみ「もう・おつ・じ」からきている。「もうおつじ」が「もうつじ」になり、「もうつ」のつもりで「つ」の母音ウをすこし長く発音して、それをそのまま書体化すると、いかにも「もう・つう」のようになるが、これはむしろ「もうつ」が、寺側の発音で「もうつう」のようになっているだけ、と考えるべきであろう。その前に「もうおつ」と「お」を独立してよんでいたことがあったかどうかは詳らかでないが、この寺が古代寺院としての格式をよく守っていたころは「もう・つ」と発音していたものと思われる。またそれがことばのありかたとしても、古格・正規のものである。

それで、わたくしは、このたいへんお世話になり、何事についてもたてつくようなことをほかにしたことのないお寺さんの公称なのに、「もうつうじ」の呼称に対してだけは、従わないで、「もうつじ」で通している。寺側でもわたくしがそう呼ぶのに、一度も苦情をおっしゃったことがない。寺は寺、研究家は研究家。けじめをつけて扱われる雅量をお持ちなのである。

わたくしは、この寺には、古代寺院としてだけ関心をもつ。古代の伝統をすこしでもよくあらわすように、いろんなことも理解されるべきである。寺号もなるべく古式ゆかしい方がよいように思い、ここは「もうつじ」で通させていただきたいのである。

いずれにしても、根は「もうつ」なのである。字音通りゆくか、すこしオマケをつけて発音するかだけで、もとは一つである。それなら当の「毛越」とは何なのか。

毛越は実は地名によっている。仙台藩儒佐久間《さくま》洞巌《どうがん》の『奥羽観蹟聞老志《おううかんせきもんろうし》』に「毛越寺、毛越村中にあり」としている「毛越村」がそれである。明治の高平真藤の『平泉志』にも「今猶村落の地にも毛越の名あり」とあって、「毛越」はその後も残った平泉の地名の一つなのである。そのよみは「けごし」である。この地名毛越がどれだけ古くさかのぼるかは、今のところ近世以前は不明である。しかし、寺号毛越寺（もうつじ）から地名毛越（けごし）が出たとは考えられない以上、この寺創建の平安末期、すでに「毛越」（けごし）の地名があり、その地名にちなんで、所在の寺も毛越の地名を冠して「毛越寺」と呼んだと考えねばならぬ。その所在するところの地名によって寺号を称するのは、古代寺院の通例である。

そういうことになれば、毛越寺の寺号が、はじめから「もうおつじ」ないし「もうつじ」であったかどうかも、疑問となってくる。地名を冠して呼ばれた古代寺院は、多く地名の呼び名通りに訓読みしているからである。だから「毛越寺」も、はじめは「もうつじ」の音読みでなしに、訓読みの「けごしでら」であった公算がきわめて高いのである。ただし、その前にくる中尊寺も、その後にくる無量光院も、ともに音読みである。中の毛越寺だけが訓読みなのは、おちつきが悪い。そのため中尊寺・無量光院、とくに前者との並称の関係で、「けごしでら」ではなしに「もうつじ」の呼称が通称となり、通称が固定して公称になったものだろうと思われるのである。

その毛越の地名のおこりとしては、こんな伝説が残されている。この寺は、嘉祥三年（八五〇）慈覚大師《じかくだいし》の開基である。東奥済度のために巡錫《じゅんしゃく》した大師が、この地に来ると、雲霧があたりをおおい、一寸先も見えなくなった。この時、一頭の白鹿が先頭に立ち、その毛を散り敷いて先導した。大師はその導きで山路を越えて、化導することができた。それで「毛越」だ、というものである。これは地名伝説である。ありがたく拝聴しておけばよいのである。

さて、そんなふうに、毛越寺の号のおこりが地名による、ということになると、これは中尊寺・無量光院などと、その号のおこりを異にする。中尊寺という寺号がどういういわれのものかは、かならずしも明らかでない。中尊というのは、薬師三尊とか阿弥陀三尊とかいうように、一具《セット》をなす群像のなかの中央本尊仏のことをいう。そうであるとすれば、これは、みちのく中央にあって、みちのく諸地域の諸寺諸仏をその眷属《けんぞく》に従えて、中央本尊寺として君臨する大寺、というような意味であろう。平泉の地は、ひろい東北のちょうどまん中の位置にあった。中尊寺がそのまん中の寺としての自覚のもとに建てられたことははっきりしている。いずれにしても、これはそういうふうに、思想からきている呼称である。

無量光院はなおはっきりしている。これは無量光仏すなわち阿弥陀如来をまつって、堂宇全体を無量寿極楽世界とみる教理にもとづく。いずれもそのように教法にもとづく寺号なのに、毛越寺だけは、なぜ地名によって呼ばれたのか。これは一つの問題であろう。簡単に考えれば、ただそう違っているということに終わるが、ただそれだけでなかったようにも考えられるのである。ただしその理由については、これという議論がこれまでないようである。わたくしも特別の見解をもっているわけではない。そこでこういう事実だけを指摘しておく。

毛越寺では金堂を円隆寺《えんりゅうじ》と称した。そのプランは発掘調査によって明らかにされているが、それによると、一つの独立した寺院のように完結した構えを示している。だから、大きな企画の中の一堂としての部分建築としての金堂というよりも、一つの独立した寺院円隆寺が、別な側面から金堂と呼ばれた、という性格が強い。事実、都でのさまざまな物語には円隆寺物語だけが登場するのである。毛越寺にはこのほかに、嘉勝寺《かしようじ》というのもあった。これもほとんど円隆寺と同じプランの建物であった。だから円隆寺の場合と同じ理由で、これも、はじめから総合的企画があった中の部分企画というよりは、単独の独立寺院という性格が強い。いろいろなことから考えて、現在、円隆寺跡、嘉勝寺跡と伝えられているのは、入れ違っていて、金堂円隆寺とされているのが嘉勝寺、嘉勝寺とされているのが円隆寺、のように思われるが、ここでは深入りしない。毛越寺にはそのほかに、観自在王院《かんじざいおういん》というのがあったが、これは場所的にもまったく別区郭に独立しているから、なおさら別企画の一寺院と考えた方がよい。

このようなことは中尊寺にはない。四十余宇あったとされる諸堂宇は、いちおう一つの全体企画の中の各部分として位置づけられている。無量光院は単一寺院だから問題がない。

こうしてみると、毛越寺がはじめから毛越寺の寺号を持った寺だったかどうかが疑問になってくる。わたくしは、こんなふうに想像している。二代基衡は毛越寺の地に、はじめ円隆寺という名の寺を建立した。そしてこれにはいくつかの付属堂塔もともなった。基衡はこの円隆寺と寺域を接し、一部は円隆寺域にも割りこむような形で、さらに嘉勝寺の建立を始めた。その完成は秀衡の時代であった。これとは別に、基衡の妻（とされる人）安倍宗任女《あべのむねとうのむすめ》が観自在王院《かんじざいおういん》を、またこの一郭に建てた。これらは、寺としてはそれぞれ独立したものであったが、すべては基衡本願円隆寺を中心にしていたこと、場所的にも一郭としてのまとまりを持っていたことなどから、のちになって、円隆寺を金堂とする一寺院としての扱いをうけるようになり、毛越《けごし》諸寺のような意味で、毛越寺と地名で呼ばれたものでなかったろうか。その意味からも、この寺の最初の呼び名は「けごしでら」というのが正しいだろうと思うのである。

文治五年、平泉が滅亡する段階では、もう毛越寺という名が公称として行なわれている。したがって、三代秀衡のころには、この称はすでに成立していたとせねばならぬ。かりに基衡のはじめのころに、この称がなかったとしても、秀衡が嘉勝寺を完成したころには、もう、総称としての毛越寺の号は成立していただろうと思う。

単なる呼び名にだけとどまらない諸問題をこの寺号は含んでいるのである。

（『歴史と地理』二七六号〈『日本史の研究』一〇二号、一九七八年九月〉より収録）

〔追記〕　中尊寺の寺号については、これを法華経の「仏人中の尊」の語により「中尊」と号したという見通しが立てられるようになっていて、「釈尊寺」の義になる。中尊寺最初院が多宝寺と号したのはその具体的あらわれである。中尊寺はミイラまで含めてその建立の理念は法華経にもとづけて考えなければならないようになってきている。

Ⅲ　藤原氏とその周辺

1　『吾妻鏡』と平泉

本稿は、『吾妻鏡《あずまかがみ》』の平泉に関する記事について、考察ないし考証するものであるが、そのすべてにわたるものではない。そのうちの主要なもので、かつ従前の研究が、かならずしも十分な扱いをしてきていないと思われるもののいくつかを取り上げて、私見を述べてみようとするものである。

これにより、筆者は、一方で、『吾妻鏡』という鎌倉幕府研究のための基本史料の扱いかたについて、意外に重要な問題の検討がおろそかになっていることを指摘するとともに、他方において、平泉研究のための最大の史料集でもあるこの本のていねいな検討が十分でなかったために、研究上の重要な根本問題が、いくつも未解決のまま、今日に持ち越しになっていることについて、注意を喚起したいと思うのである。

征夷大将軍と木曾・平泉

源頼朝が、征夷大将軍に任ぜられたのは、建久三年（一一九二）七月十二日のことであった。その除書《じしょ》（辞令）の鎌倉到着は、七月二十六日であった。

このことに関する『吾妻鏡』編者の解説記事は、次のごとくである。

将軍の事、本より御意に懸けらると雖も、今に達せしめ給わず。而して、法皇崩御（建久三年三月十三日）の後、朝政初度、殊なる沙汰ありて任ぜらるるの間、故に以て、勅使に及ぶと云々。

ここには、二つの問題がある。一つは、「将軍の事、本より御意に懸けらる」とあるのであるが、頼朝は、いったい、いつごろから、またどういう理由で、征夷大将軍を希望するようになっていたかということである。

その二は、頼朝が、そのように前々から望んでいたにもかかわらず、「今に達せしめ給わ」なかったのは、なぜかということである。「法皇崩御の後、朝政初度、殊なる沙汰ありて」実現したとあることからすれば、問題は後白河法皇《ごしらかわほうおう》もしくはその院庁の反対にあったとせねばならないけれども、法皇側は、どのような理由で、どんなふうに反対していたのであろうか。

この二つは、表裏一体の関係にある。京都の意に反して、頼朝はこれを実現しようとし、京都は反対に、頼朝の希望を阻止して、その実現を許さないという公武の対抗関係が、ここにはあったのである。

頼朝の希望は、建久三年（一一九二）より八年前の寿永三年（一一八四、四月元暦改元）正月まで、さかのぼらせて考えることができる。この正月十日、伊与守義仲《いよのかみよしなか》は、征夷大将軍になっていた。義仲は、それから十日後の正月二十日には敗死するから、これは十日将軍である。将軍とは名ばかりであったと考えられ、その名さえ記憶しない場合が、多いのである。しかし、これは、頼朝の任将軍問題には決定的な影響を与えた衝撃的な出来事であった。

そのことは、義仲の任将軍を伝える『吾妻鏡』の解説記事が、雄弁に物語っている。

粗《あらあら》、先規を勘うるに、鎮守府の宣下に於ては、坂上（田村麻呂）中興以後、藤原範季安元二年三月に至るまで、七十度に及ぶと雖も、征夷使に至っては、僅かに両度たるか。所謂《いわゆる》桓武天皇御宇延暦十六年丁丑十一月五日、按察使《あぜち》兼陸奥守坂上田村麻呂卿を補せらる。朱雀院御宇天慶三年庚子正月十八日、参議右衛門督藤原忠文朝臣を補せらる等也。尓《それ》より以降、皇家廿二代、歳暦二百四十五年、絶えて此の職に補せざるの処、今、例を三輩に始む。希代《きたい》の朝恩と謂うべきか。

この記事は、細部においては、いろいろと問題を含む。征夷大将軍のはじめは、延暦十二年（七九三）の大伴乙麻呂《おおとものおとまろ》であって、田村麻呂はその下での副将軍、その大将軍は第二代である。また、藤原忠文《ただふみ》の征夷大将軍というのは征東大将軍というのが正しいかもしれない。しかし、ここで問題になるのは、そのことでない。ここでは、天皇で二十二代、年代にして二四五年間、絶えて任命のなかった名誉を、義仲に先を越されたくやしさ、羨望が、ありありと物語られていることとそのことにある。「希代の朝恩」ということばに、そのこころがこめられている。

しかも、この時の征夷大将軍は征東大将軍の意味であったから、頼朝を朝敵に見立ててのものだった。意地でもそれを奪い取り、見返してやるという武門の意地が、ここからかき立てられてくるのである。そのことは、義仲追討に対する行賞過程に明らかである。元暦元年（一一八四）四月十日、在京の義経から鎌倉へ、三月二十七日に決定をみた行賞の連絡があった。それによると、頼朝を征夷大将軍に、という提案もあったが、本人が在京して、節刀《せっとう》を受ける状態にないことを理由に見送られ、正四位下に叙せられただけである、という報告であった。義仲に代わる征夷大将軍が問題になっていることで、これが義仲の任将軍に触発されていることがわかるのである。

これが実現しなかったのはなぜか。それは、征夷大将軍は、天子みずから節刀を授けて親任し、非常大権を負託するものであるのに、頼朝は、鎌倉にあったまま、これを希望したからである。そこに、あくまで古代の伝統のもとに、朝廷内委任の形式をとろうとする院政側と、朝廷の外にあって、大権委譲をかち取ろうとする頼朝とのすれ違いがあったのである。『公卿補任《くぎようぶにん》』は正四位下に叙せられても「其の身上洛せず、猶相模国鎌倉にあり」と書いて、それが異常事態であることを指摘している。そういう人に、天皇大権を委譲することなど、ありえないというのが、院側の立場だったのである。建久三年の「殊なる沙汰」による任将軍というのは、その在鎌倉のままの承認のことを言ったものであった。

義仲征夷大将軍解説記事の中のもう一つの重要な点は、征夷大将軍の先例に、鎮守府将軍のそれをも、合わせ問題にしていることである。事実としても、鎮守府は、現地常設の陸奥征夷将軍府、征夷大将軍は臨時特命の鎮守大将軍。そういう性格のものであった。この段階では、木曾の征夷大将軍が問題だったから、鎮守府将軍は引き合いに出されている程度であった。木曾問題が片づけば、それは必然的に、征夷大将軍対鎮守府将軍の対抗問題に移行すべきものだったのである。平泉は三代、鎮守府将軍の流れを汲むと称し、秀衡は実際にこれに任じ、平泉は伝統的にこの名のもとに、奥羽の独立を保持・主張してきた。

こうして木曾義仲敗死後の、この問題に対する頼朝の主張は、平泉の鎮守府将軍体制の否定の正当化形式として、提起されることになる。文治五年の平泉の役にあたり、頼朝が征夷大将軍補任を求めたという はっきりした証拠はない。しかし、「将軍の事、本より御意に懸け」ていた頼朝が、その絶好の機会たる文治平泉の役にこの要求をしなかったことは、ほとんど考えられない。奥羽の国は、蝦夷の国である。藤原氏も蝦夷と呼ばれていた。その「奥州征伐」なのである。文治蝦夷征伐ということになる。頼朝は、二八万騎と称する大軍に、みずから将として出征している。完全に征夷大将軍の条件のととのった軍事行動である。

『吾妻鏡』は、この時、勅許《ちょっきょ》が出なかったので、頼朝が苦慮したところ、故実家の大庭景能《おおばかげよし》が、「軍中、将軍の令を聞く、天子の詔を聞かず」の中国故事を引いて、勅許を必要としない将軍大権を主張し、これにもとづいて、行動を開始し、一気に事を決したとある。これは裏返せば、頼朝主従は、勅命を必要としないような軍令権の自立を求めていたことになるのであって、それが、平泉への軍事行動において、実行に移されたことになる。これは、明瞭に征夷大将軍を要求するか、もしくはそれを期待しての行動だったとすべきである。現にこの「軍中、将軍の令を聞く」の故事により、その将軍府は「柳営」と呼ばれるようになり幕府の語のおこりともなる。しかし、ついに勅許はなかった。

頼朝が、後白河院政に対して、最後に、その期待を託したのは、建久元年（一一九〇）の上洛の時であった。平泉の役終了後、頼朝は後白河院に対して「今に於ては、見参に罷り入るのほか、今生に余執なし」と答えていた。この最後の願いの中に「本より御意に懸けらる」るところの征夷大将軍問題の決着の件も含まれていたことは、いうまでもない。大軍をひきいて上洛した頼朝に対して、院側では「度々の追討の賞を以て、拝官の恩あるべし。然れば何の官たるべきや」と検討を始めていることを『吾妻鏡』は十一月四日条に記録している。鎌倉側は、この時こそ、その望みを達する時だと思っていたのである。頼朝の希望を十分知っていた院側の恩賞は、まず十一月九日には権大納言に、ついで十一月二十四日には右近衛大将に兼補するというものであった。頼朝はこの内命については、「存ずる旨あり」として、前々から辞退していたので、すぐに返上を申し入れた。右大将の場合など、所望の意志全くなしとまでされている。そして、事実、十二月三日には、正式に辞状を提出し、十三日には離京している。

京都側は、頼朝の辞退を謙退ととらえている。大納言兼右大将。たしかに鎌倉には過ぎたるものである。しかし、しょせんは栄誉の名にすぎない。頼朝はその名のほかに、あるいはそれ以上に、実のある武職を期待していたのである。「存ずる旨」あっての辞退とは、謙退《けんたい》という名のこの督促を意味していたのである。頼朝としては、この謙退への引出物に、征夷大将軍宣下を東下のはなむけに得ることを願っていたと思われるのであるが、このたびもそれは実現しなかった。

以上の経過からみて、頼朝の征夷大将軍は、まず、木曾義仲の征夷大将軍に触発されて、これを逆手にとって、征東大将軍の公認形式を得ようとして願望されたものである。ついで、東国による奥羽支配をもその傘下に実現する鎮守大将軍の公認形式として、要請されるにいたったものである。すなわち、これは本来、奥羽をも含む東国行政権の軍政府としての公認形式というふうに考えられていたものである。それが、木曾も平家も平泉も、すべて滅んだ建久三年（一一九二）になって実現したために、単なる征東大将軍や鎮守大将軍の域を越えて、諸国総追捕使権（総守護・総地頭職）をもその中に包括する一般的な最高武官の地位を意味するようになったと解すべきなのである。

なお、ここにひとこと付言すべきことがある。それは、後世、頼朝が右大将の名で呼ばれ、大将軍の名で呼ばれることがあまりないことである。それほど熱望する名であるなら、任将軍後は、当然この名でこそ記念さるべきでないかという疑問が起こるであろう。これは、征夷大将軍は自明のことにして、特別の初代将軍を他将軍から区別する意味での右大将たる大将軍の義と解すべきであろう。

志和郡高水寺

敗走する藤原泰衡《やすひら》を追って、頼朝は、志和郡陣岡蜂杜《じんがおかはちもり》（岩手県紫波郡紫波町）まですすんだ。ここのところに、比内《ひない》郡贄柵《にえのさく》（秋田県大館市方面）で殺された泰衡の首が届けられて、平泉の役は、ここにまったく終結する。

『吾妻鏡』文治五年（一一八九）九月九日条は、この陣岡蜂杜の近くに、高水寺《こうすいじ》という名刹《めいさつ》があり、称徳《しょうとく》天皇勅願の一丈の観自在菩薩《かんじざいぼさつ》を安置していたと書いている。この高水寺というのが、どういう意味かについては、『吾妻鏡』は何も言及していない。その他のものにも、これに関説しているもののあることを聞かない。わたくしは、この高水は日高見水の略称で、高水寺はすなわち日高見寺の意味だと思っている。おそらくここには本来、日高見水神をまつる日高見神社があり、その神宮寺として、日高見寺、略称高水寺が建立されたものと思われる。

この地は、北に志波《しわ》城ついで徳丹城を擁し、古代、北方経営の北を限ったところである。高水寺のある位置は、北上川（日高見川）に臨み、おのずからにして北上河道を扼《やく》する要衝として重きをなしていたであろう。中世、この地に高水寺城が営まれ、斯波御所と呼ばれた名族斯波氏の居城となることからも、そのことはわかる。古代の日高見水上交通は、この地を北のターミナルとし、東西渡船の河港でもあったと思われる。ここにはおそらく日高見水神がまつられ、その日高見神宮寺として、高水寺が建てられたと思うのである。

日高見水神が式内社として、桃生《ものう》郡（宮城県）に所在、日高見神社の名を残すことは、周知の通りである。この神が史上の桃生城の城輪《きのわ》神という性格のものであったことは、言うまでもない。この桃生日高見神社にも神宮寺があり、それもあるいは日高見寺ないし高水寺と呼ばれていたのでないかとも思われるが、確証はない。

桃生日高見神社のほかにも、日高見川の主要な水門《みなと》・渡船場のあるところには、同じように日高見神社がまつられていたと考えられる。のちの胆沢城の建つ胆沢の地は、「水陸万頃」と称されて、日高見中流の中原地帯であった。ここに「日上湊《ひかみのみなと》」という河港があったが、これが日高見湊の別記であることは、ほとんど疑いない。今日、水沢市内にある日高神社というのが、年代的にどこまでさかのぼるものか、本来からこの地にあるものかどうかは別として、これも日高見神社の意味であることは、言うまでもない。

最近、わたくしは、その対岸、江刺市内に高水寺跡というのがあるのを知った。これもどこまでさかのぼるものかは不明であるが、日高神社が、日高見神社であるのと同じように、日高見寺の意味で、本来は、この種の神社と寺とが、対をなして並んでいたろうことを推定して、あやまりないのである。

志和高水寺は、そのようないくつかあった日高見寺のうち、おそらく北のさいはての寺として、最も重んぜられたために、後世永く残り、『吾妻鏡』にもその名を残すにいたったものであろう。その建立は、志波城・徳丹城築城後であろうから、さかのぼっても九世紀前期どまりである。黒石寺薬師如来像《こくせきじやくしにょらいぞう》などが造顕される貞観のころ（九世紀後期）を上限と考えておくのが、自然であろう。称徳天皇勅願を称した寺伝に、もし何かもとづくところがあるとすれば、それは、以下のような理由によろう。日高見神社の太祖たる桃生日高見社のよった桃生城は、天平宝字二〜三年の間に成る。これは淳仁《じゅんにん》天皇の時のことであるが、実権は孝謙《こうけん》上皇（重祚して称徳天皇）にあった。この桃生城が、日高見湖上経営の基地となった。そこで、桃生日高見神社も、称徳創建を称し、想定される日高見寺また称徳勅願を伝え、その末裔日高見寺がひとしく称徳勅願の縁起を伝えるにいたったものかと推定することは、可能なのである。

豊前介実俊

『吾妻鏡』文治五年（一一八九）九月七日条によれば、平泉麾下《きか》の武士団は、一七万騎と称されている。正確には不明であるにしても、かなりの数にのぼっていたはずである。その平泉武士たちが、平泉滅亡後、どうなったかは、歴史の大きな問題である。このことは、安倍氏や清原氏の場合にも、同様、問題であったのであるが、平泉武士団はさらにととのった組織兵団であっただけに、そのゆくえを見届けることは、ポスト平泉の大きな仕事の一つである。

その一番はっきりした場合は、国衡・泰衡がそうであったように、戦死その他の形の死をとげた場合である。その数がどのくらいに達したかはわからないが、かなりの数になろう。

　二番目は、由利八郎・熊野別当・名取郡司・佐藤庄司たちのように、捕虜となっても許されて、帰国をすることのできた場合である。ただし、この人たちは、武装を解除されているから、士分を剝奪《はくだつ》されて、近世で言えば、郷士化していったと考えられる。捕虜になった者の何人かは、配流になっているが、これはそう多くない。

　三番目に、もっとも多かったのは、四散《しさん》して、山間に隠れて土豪化したり、農村に定着して農民化したりした者たちであろう。このほかに、文治六年になって、主君の弔い合戦と称して挙兵した大河兼任のような者もある。また降参し、釈放されたのち、潜伏を続け、建仁元年（一二〇一）、城長茂《じようながもち》とともに反鎌倉の兵を挙げて殺された本吉高衡《もとよしたかひら》のような者もあるにはある。しかし、大勢からすれば、平泉武士たちは、鎌倉時代を通じて、そう大きい問題を起こすことはない。現地にあって、武士の伝統を保持した者は、鎌倉御家人の地頭支配のもとの小地頭的所従以下の身分で、これに従うようになったと思われる。

　問題になるのは、平泉と鎌倉との接触過程で、平泉滅亡前後に、平泉御家人から鎌倉御家人に奉公を替えて、武士としての身分を持続することのできた人たちである。そういう人たちが、どのくらいいたかは、わかっていない。まして、かれらが鎌倉において、どのような扱いを受けたかというようなことは、ほとんどわかっていない。

　大河兼任の乱が起こった時、こういうことがあった。二藤次忠季《にとうじただすえ》は、その大河の弟で平泉滅亡の時、囚人となっていたが、その誠実が認められて、鎌倉御家人に召しかかえられていた。この時も用命を仰せつかり、奥州に出向いていたが、途中で兄の叛逆を知り、すぐさま鎌倉に引き返してきた。これは、兄弟であっても、兄には同意していない貞心をあらわすためだった。頼朝は感心して、早く奥州に馳せ向かい、兼任を討つように命じたという。また、忠季の兄の新田三郎入道という者も、兄の兼任に背いて、鎌倉に参上したとあるから、おそらくこの新田も御家人に召しかかえられたものだろうと思う。

これは、文治六年（一一九〇）正月六日のことである。この新田三郎入道というのは、平泉で義経が殺された時、その首を鎌倉に届けた新田冠者《かじゃ》高平であるかもしれない。そうであれば、大河一族は、平泉家臣団の中では、信夫庄司の佐藤一族などとともに、かなりの大族であり、したがって頼朝もこれを名ある名族として、御家人のうちに加えたのであろうと思われる。

その稀有の例のうちで、もっとも注目されるのは、豊前介実俊という人である。厨川柵《くりやがわのさく》（盛岡市）まで進んだ頼朝が、奥羽両州の省帳・田文以下の文書を求めたことがある。藤原氏に代わる新支配者の政《まつりごと》始《はじめ》の仕事であった。文治五年（一一八九）九月十四日のことである。ところが、それらの記録類は、平泉館に保管されていて、御館《みたち》が炎上する時（泰衡が平泉を落ちる時、これを焼いてのがれた。文治五年八月二十一日）、いっしょに焼け失せてしまい、その様子はわからなかった。そこで、古老の者にたずねたところ、奥州の住人の豊前介実俊・弟橘藤《きつとう》五《ご》実昌《さねまさ》の二人が、平泉の故実に詳しいと言った。さっそく二人を呼び出して、子細をたずねた。ところが、この二人の兄弟は、そのそらんずるところによって、両国の絵図を書きすすめ、さらに券契《けんけい》（証文類）関係をも明確にし、郷里・田畠、山野・河海なども、すべてその中につくされていた。注記漏れになっていたのは、ただ三カ所だけだった。ほかはまったく誤りがなかった。すっかり感じ入った頼朝は、すぐにこの両名を召し仕うことにした、とあるのである。

この結果、奥州滞在中の頼朝側近にこの二人は伺候《しこう》し、現地の故実・故事・来歴等に関することは、すべてこの二人が諮問に応ずることになった。とくに平泉見学にあたっては、実俊が案内者となり、藤原三代について、詳細な説明をしている。『吾妻鏡』文治五年九月二十三日条には、その時の模様が詳しくのせられている。

奥羽両国の省帳・田文・券契の類について、これをすべてそらんじているというのは、単なる故実家や博識家のよくするところではないのであって、これは、平泉の御館政庁の政所《まんどころ》相当公庁において、家司ないし執事のような政務を担当していた奉行人であったとみねばならない。そのことを証明する記事が、『吾妻鏡』建暦元年（一二一一）四月二日条に見える。「陸奥国長岡郡小林（現宮城県古川市）新熊野社壇・堂舎等は、当国守秀衡法師の時、豊前介実俊奉行として、造営を加う」とある。これは、たまたま長岡郡小林新熊野社造営奉行の例であるが、しかしこれは、この時限りの奉行の例証となるものではなくて、秀衡側近の奉行として、ふだん政務をとりしきっていたので、この造営事業にあたっても奉行を命ぜられたものと考えるべきものなのである。

鎮守府将軍となり陸奥守にまでなった秀衡のもとの平泉館は、百年の伝統を踏まえて、頼朝時代の鎌倉幕府に近いような政庁の整備をみていたと考えられる。豊前介実俊は、鎌倉で言えば大江広元ないし三善康信のような政所別当もしくは問注所執事にあたる政務を担当していたところの筆頭奉行人だったと考えられるのである。

文治五年（一一八九）九月十四日条には、豊前介実俊の練達な能吏ぶりに惚れこんで、頼朝がこれを召し仕うことにしたとある。同二十三日条は、その実俊が、実際に頼朝幕下に召し加えられていたことを示している。となれば、彼は当然、そのまま頼朝御家人の一人として、鎌倉に召し連れられたということになる。しかし、彼は幸運にも頼朝に見出されて、鎌倉に生き永らえることができたというだけの人ではなかった。『吾妻鏡』は、ただ二度だけではあるが、鎌倉において実俊が、名誉ある幕府奉行人の一人になっていたことについて、証言を与えているのである。それは、建久二年（一一九一）正月十五日・同三年八月五日両条である。

建久二年正月十五日条は、頼朝が近衛大将になったのを機に、幕府の機構も改め、新人事を決定した記事である。

政所は、別当大江広元　介主計允藤原（二階堂）行政　案主藤井俊長　知家事中原光家
問注所は、執事三善康信
侍所は、別当和田義盛　所司梶原景時
公事奉行人　前掃部頭藤原朝臣親能　筑後権守同朝臣俊兼　前隼人佐（佑）三善朝臣康清　文章生同朝臣宣衡　民部丞平朝臣盛時　左京進中原朝臣仲業　前豊前介清原真人実俊
京都守護　右兵衛督（一条能保）
鎮西奉行人　内舎人《うどねり》藤原朝臣遠景（天野藤内）

これは、幕府における最高人事である。実俊が属した「公事奉行人」は、政所・問注所に次ぐ庶務官僚

層であって、実際家肌の有能吏僚が、ここに顔を並べている。平泉政庁の官人が、ここに名をつらねているのは、異例のことであり、頼朝の評価がどのように高かったかを示すものである。

建久三年（一一九二）八月五日の記事も、これとほぼ同じ性質のものである。政所始に、実俊が、三善康信・筑後権守俊兼・民部丞盛時・藤判官代邦通・前隼人佑康（清）時・前右京進仲業らとともに参列していることを伝えている。彼が幕府における実務官僚のトップクラスに位置を占め、それがすでにゆるぎないものになっていたことが、これでよくわかるのである。

豊前介実俊のこのような評価は、平泉における御館政所政治が、きわめて高度な事務的訓練を経ていて、無理なく鎌倉幕府政治に移行できるものであったことを物語るものとして、まことに興味深いのである。

平泉寺塔已下注文

頼朝は、平泉遠征中、二度にわたって、平泉諸寺院および寺領等の安堵に関する陳情を受けている。第一回は、文治五年（一一八九）九月十日・十一日、志和郡陣岡蜂杜《じんがおかはちもり》滞陣中、第二回は、文治五年九月十七日、厨川柵《くりやがわのさく》滞在中のことである。第一回目は、中尊寺経蔵別当大法師心蓮が、とくに金銀字交書一切経の重要性を強調して、その保護を求めるとともに、あわせてその寺領の安堵をも懇願し、追って、三代建立の寺塔の事を、分明に注進することを言上、とりあえず、十日には経蔵領が安堵され、ついで翌十一日には、源忠已講《いこう》・心蓮大法師・快能ら、平泉内寺々住僧代表の歎願となり、相違なき旨、安堵の下文《くだしぶみ》を賜わったというものである。

九月十七日には、先の言上の趣旨に従って、源忠已講・心蓮大法師らが、清衡已下三代造立の堂舎について、詳細な書き上げを提出した。この注進にもとづいて、頼朝は、「平泉内寺領に於ては、先例に任せて寄附する所なり。(中略)地頭ら、その妨げを致すべからず」と、円隆寺(毛越寺金堂)南大門に壁書して、平泉の安全を保障したのである。『吾妻鏡』は、その時提出された衆徒中の「寺塔已下注文」を、全文、その九月十七日条に収めている。

それは、㈠中尊寺事　㈡毛越寺事　㈢無量光院事　㈣鎮守事　㈤年中恒例法会事　㈥両寺一年中問答講事　㈦館事　㈧高屋事の八項目に分けた記載になっている。平泉文化、とくに中尊寺がどういう性格の寺で、清衡がどういう信仰に立って、この寺院の建立にあたったかについて、この寺塔注文は、天治三年(一一二六)三月二十四日付の清衡供養願文と並んで、もっとも重要な基本史料になっている。

しかし、従来、この史料を引用する時には、それは、この中の毛越寺金堂円隆寺本尊造立にあたり、二代基衡が仏師に贈った料物のおびただしかったことにふれ、これを平泉の豪富の証拠とする程度のことにとどまっていて、この記事の理解から、中尊寺ひいては平泉文化の本質を解明するというようなところまで、これを掘り下げていく研究方法はとられていなかった。平泉文化の本質理解がおくれているもっとも大きな理由は、ここにあると言ってもよいくらいなのである。

中尊寺の項に限って、簡単にふれておく。

ここではまず、清衡が、奥六郡管領の事始めとして、中尊寺を草創したことをいう。これをはじめとして、藤原氏については、その政治領主としての館の経営などについてはまったくふれることなく、藤原政治とはすなわち寺院経営だったという書きかたである。平泉館の位置や方角を示すのにも、たとえば、金色堂の正方、無量光院の北、というような言いかたをする。平泉にあっては、中尊寺・毛越寺・無量光院こそは、まつりごとのはじめであり、そしていきつくところである——そういう考えかたなのである。政治も生活もすべて含んで、平泉そのものであったから、中尊寺事始めがすなわち平泉事始めになったのである。その趣旨は、以下の記事でさらに明瞭になる。

清衡は、白河関《しらかわのせき》から外浜《そとがはま》（陸奥湾岸）にいたる奥大道二十日余の行程の道に、一町ごとに笠卒都婆《かさそとば》を建て、その面に金色の阿弥陀像を図絵し、その大道の中央、奥州の中心にあたる山（関山）の頂上に、一基の塔を立てたとある。その塔が中尊寺の表象であることは、言うまでもないのである。このことから、中尊寺が、東北全土を一つに統合する政治的意味をもった奥州中央本寺という性格の寺であることが判明する。そうであれば、この寺の事始めが、まつりごと事始めになることまことに自然である。

これまで奥州が、白河関から外浜まで、一つの政治・文化の区域として把握され、施政の対象とされたことはない。史上、平泉はそれをはじめて日程に上せ、これを二十日の行程と計測化し、さらに一町単位のキメ細かい文化行政のネットワークの中に組織しこんだことになるのである。九月二十三日条には、奥羽両国一万余ある村ごとに、清衡は伽藍を建て、仏性灯油田《ぶっしょうとうゆでん》を寄進したとある。これらが文字通りに実行されたとは考えられないにしても、平泉のもとで、広大な東北がはじめて責任政治の対象として一元的に把握され、系統的な政治と文化とが、さいはての村々までおろされるようになったことは認めなければなるまい。中尊寺は、そのように、史上はじめて奥羽のすべてをカバーした文化ネットの中央に、一大文化センターを実現するという構想のものだったのである。

さて、中尊寺の中央に営まれたのは、多宝寺という寺院だったとある。だから、これは中尊寺にとっては、金堂相当の寺院だったと考えてよい。この寺は、釈迦・多宝両像が左右に並坐する両本尊の寺だったとある。ところで、釈迦・多宝両像並坐というのは、出典のはっきりしているもので、これは、法華経の見宝塔品というものにもとづいて、法華経の功徳によって、地上極楽が実現したことをあらわす趣旨のものである。建武元年（一三三四）八月の中尊寺文書によれば、この多宝寺は最初院とも称されていた。それは、中尊寺の中で最初に営まれた寺であることにもとづいている。するとこれは、叡山流に言えば、根《こん》本中堂《ぽんちゆうどう》のような性格のものになる。清衡が、六郡管領の最初に草創した中尊寺とは、実はこの多宝寺《たほうじ》だったのである。

そうすると、中尊寺という寺は、東北の諸政治・諸信仰・諸文化、もろもろの祈りと願いとを一まとめにし、法華経の功徳《くどく》によって、その中央に地上仏国土を実現するところの此土浄土《しどじようど》という性質のものになってくる。法華経を根本所依とする。浄土教ではないのである。一町塔婆に図絵したのは阿弥陀像であった。さらに中尊寺には、二階大堂の大阿弥陀堂たる大長寿院もあったし、金色堂も阿弥陀堂の形をとっているから、中尊寺には、もちろん、浄土教寺院としての性格もある。しかし、それを主とするものではない。またそれを中心とする寺でもなかったのである。

このことは、毛越寺についても同様である。毛越寺金堂円隆寺のつくりが、きわめて浄土教的であることは、その庭園が浄土庭園と呼ばれていることからもわかる。しかしその本尊は、薬師丈六像であった。阿弥陀像ではなかった。薬師信仰を阿弥陀信仰に読み替えようとはしている。しかし、基本は薬師信仰だったのである。天台法華円宗に立つ平泉宗教の原則は、ここをも貫いているのである。

中尊寺の場合、この性格がいっそう鮮明である。清衡晩年の天治三年（一一二六）三月二十四日落慶の鎮護国家の大伽藍は、多宝寺に代わり、もしくはこれと並んで、後世、金堂と呼ばれる中心伽藍になるが、これも釈迦像を本尊とする釈迦金堂であった。しかも、百体の小釈迦をそのまわりに配する百体釈迦金堂であったから、徹底して釈迦信仰に立つものであった。これも、法華経にもとづいて、多宝如来の地上出現を迎えるために、本身釈迦が、三千世界の分身釈迦を地上に集めたために、地上がそのまま極楽になったことをあらわすものと解されるから、これまた法華経信仰である。いずれにしても、藤原氏は法華持経者たることを根本とし、それに密教と浄土教とを習合する信仰形式をとっていることが、注意されねばならない。『吾妻鏡』文治五年（一一八九）九月十七日条は、そういう理解にも、確実な手がかりを与えているものだったのである。

この注文で、もう一つ注意を要するのは、「その（中尊寺山内の）中間、関路を開き、旅人往還の道とな す」とある記事である。ここに「関路」とあるのは、衣川関道のことである。衣川関（衣関）は、前九年の役最大の要衝であった。一丸泥を以て封ずれば、だれも通ることができない。一夫険によって守れば、万夫通るあたわず。そうまで称された天下の険であった。安倍がこれを守り切るか、それとも源氏がこれを攻め抜くか。それによって、全局の勝敗が分かれると考えられていた。そして、事実そうなった。清衡は、その安倍の伝統につらなって、北方の王者になったのである。安倍以上にこの関を堅固にかためて、万全に備えるべきところであった。

しかし、この王者の考えは違っていた。この関山は、あげてみのりの山と化した。山の頂上には一基の塔が立てられ、此土浄土・地上極楽の表象となった。平泉館はこの山を背にその南に営まれて、要衝関山に守られる政治ではなしに、法城関山を守る政治の形をとることになった。みちのく鎮魂。さらに加えて諸仏摩頂・加護。これ以上に堅固なかためはない。寛治偃武《えんぶ》（後三年の役で、万代の太平が定まった）の確信に立って、清衡は、そういう文化政策を、その平泉政治の基本としたと考えるよりほかない。そして、武士が武装してかためるべき関路は、一町ごとの阿弥陀浄土まいりを重ねて来た旅人たちが、まるで、みちのく浄土の門をくぐるようにして、関山《かんざん》の関門にかかる道になった——そういう意味の文章になっているのである。

関山《せきやま》の門が、そのまま寺の門になる関山寺ということになれば、この寺が、いわゆる関寺《せきでら》の一種になることも、たしかである。衣関山が、全山あげて関山寺になったのは、中尊寺からであろうが、その前に、衣川関付属の関明神その別当寺のようなもののあったろうことは、想像にかたくない。中尊寺の関寺としてのおこりをそういうふうにしてたどっていくと、十世紀ごろまではさかのぼることができるかもしれない。慈覚大師開基《かいき》というようなことも、こういうふうに、衣関寺開基として受けとめ直すと、年代的にもかなりそれに近いところまでさかのぼりうるかもしれないことを、ここにひとこと言いそえておく。なおその場合には、文治五年（一一八九）九月二十八日条の達谷窟《たつこくのいわや》のことを、あわせ検討する必要もあるだろうことも、念のために付記しておく。『吾妻鏡』の記事が正しいとすれば、みちのく中央という観念はひょっとすると、この達谷窟が最初かもしれないのである。ここから外浜へは十余日という言いかたが、ここにもあるからである。衣関・平泉は、それを軍事上・政治上の要衝に受けとめ直しての奥州中央だったかもわからないのである。ここには、鞍馬寺を模した西光寺というのがあった。中世、骨寺（本寺）というのも知られている。これらは中尊寺前史に深くかかわっていると思われるのである。

平泉衆徒注文は、中尊寺だけについてさえ、これだけの問題を提起する。毛越寺・無量光院まで含めて検討するなら、どのくらい広く各方面にわたるか、わかるであろう。これからの平泉文化論は、必ずこの注文の全面検討を経たのち、立論されねばならないことを、改めて強調しておく。

奥州羽州吉書始

『吾妻鏡』文治五年九月二日条には、「奥州羽州等の事、吉書始《きっしょはじめ》の後、勇士らの勲功を糺《ただ》し、各《おのおの》賞を行われ訖んぬ。其の御下文、今日之を下さる」。そうあって、この中には、前以て定め置いたものもあるし、新たに書き下したものもあるが、それらをひとまとめにして、今日の論功行賞になったものだとしている。

九月二十日という日ははっきりしている。しかし、どこでのことかは、しるされていない。これは明らかな『吾妻鏡』の欠脱である。『吾妻鏡』は、事をしるすにあたっては、かならず、それが、いつ、どこでのことであるかわかるように、年月日にかけるとともに、場所も明記するのが通例である。言及がない時は、内容からそれが自然にわかるようになっているのである。

この前後でも、八月二十二日平泉着、九月二日平泉発、厨河柵《くりやがわのさく》に向かう、九月四日志和《しわ》郡到着、陣岡《じんがおか》蜂杜《はちもり》滞陣。九月十一日陣岡発、厨河柵到着。九月十九日厨河柵発、平泉保に向かう。九月二十一日伊沢郡鎮守府八幡奉幣。九月二十三日平泉見学、九月二十八日平泉発、鎌倉に向かう。およそそんな順序になっている。ところが、この肝腎の奥州・羽州吉書始の記事についてだけ、場所に明示がないのである。間接の推定は可能である。しかし、ここは、間接の推理にまかせるようなところではない。以下に述べるような理由で、積極的に、この場所において、吉書始を行い、論功行賞があったとすべき個所なのである。本来、その場所は明記されていたはずのものである。

いったい、吉書始というのは、改元・年始・政始《まつりごとはじめ》もしくは記念すべき出来事・行事などのあった時、吉事に関する文書を言上して、これを慶祝する儀式のことをいうのである。ここの吉書始というのは、宿願の平泉征討という一大事業をなしとげたことを慶祝するところの勝利宣言の儀式なのである。いつでもどこでもよいというものでない。とくに頼朝は故実を重んずる形式主義者である。二八万騎と称する大軍をみずからひきいての一世一代の大事業をしめくくる儀式である。かならず、ここと定まった場所で、目算通りにとり行なわれたと考えるべきものである。

伊沢郡鎮守府。それがこの吉書始の場所である。その理由である。九月十九日、頼朝は厨河柵を発ち、平泉に向かっている。九月二十一日には「伊沢郡鎮守府に於て、八幡宮瑞籬《みずがき》に奉幣《ほうへい》」している。九月二十二日には、葛西三郎清重に「陸奥国御家人事奉行」の職を命じているが、これは平泉に入っての新政の発令であろう。二十三日には平泉見学を行なっているから、二十二日には平泉に入っていたとしなければならないのである。

このようにして、十九日厨河柵発―二十一日鎮守府滞在―二十二日平泉着という日程の中で、二十日の吉書始の行事をこなさなければならぬ。鎮守府しかないことがわかる。

頼朝が志和郡陣岡に到着した時には、ここに北陸道軍も合流して、三軍二八万騎が勢ぞろえをみた。そこに敵将泰衡の首級が届き、梟首《きようしゆ》して、全軍凱歌を奏した。これが九月六日である。それから十一日まで、頼朝はなおここに駐留する。時期的には、この時こそ、吉書始の時だったのである。しかし、ここでは、そのことがなかった。忽々に過ぎるということだったかもしれない。それならば、厨河柵こその場だった。頼朝はここに出入り九日間滞在している。戦争はまったく終わった。しかもかれは、平泉への安堵状の発給、奥羽省帳・田文の点検、京都への終戦報告などのように、ここでもう、ポスト平泉の公の文書活動を全面的に開始している。それだけでない。九月二十日発令の論功行賞の準備の大部分は、この厨河でととのえられていたのである。時期的にみれば、事始めとしての吉書始は、厨河柵においてこそなさるべきでなかったかとさえ思われるのであるが、そこでもこのことはなかった。

ここのところしかない。そこで、そのところに向けて準備をととのえて、頼朝は、その場に臨んだのである。それが鎮守府であった。

当時、鎮守府はまったく有名無実である。実質をすべて平泉館に奪われてしまって、おそらく鎮守府の名前だけを残す場所だった。もし、陣岡も厨河も、吉書始の場でないというなら、いっそうのこと、それは平泉館で持たるべきでなかったか。むしろそう考えられそうである。平泉と戦い、これに勝っての戦勝祝いである。敵の本城で祝盃をあげることこそ本懐ではないか。そう思われるのに、それでもなかった。

鎮守府。頼朝には、この名義が必要だったのである。考えてみれば、征夷大将軍が是非必要だったのも、大義名分だったのである。鎮守府将軍の名のもとに組織された平泉の武門の独立を否定して、東国武門の征夷の大将軍の威光を示すには、平泉よりも鎮守府の方が、その名にふさわしかったのである。平泉と鎌倉。これは力と力、意地と意地の対決でしかない。鎮守府対鎌倉。ここではじめて、古代の征夷の名目に代わる武門の征夷の勝利を宣言することができる。

おそらく頼朝は、そのように考えて、戦争終結宣言の儀式の場を、鎮守府に選んだのである。それは同時に、奥羽武門時代の終結、さかのぼって、鎮守府時代そのものの終結でもあった。その吉書始は、鎮守府の名のもとの一切の名誉ある歴史に対する城下の誓いをも意味したと思われる。だからこそ、頼朝にとっても平泉の役は、征夷大将軍の名のもとの蝦夷征討であることが必要だったのである。

（高橋富雄編『東北古代史の研究』〈一九八六年十月〉吉川弘文館刊より収録）

2　英雄義経――その人間性と悲劇性

義経と梶原景時

義経《よしつね》とは、どういう人であったか。

このことを知るのには、彼がどういう人と、どんな出あいをもったかをみるとよい。「人」という字は、人と人とがより合って人となることをあらわしている。生涯の一番大事なところで、その運命的な出あいをもった人とのかかわりようが、つまりは、その人の、人であるところのもの、すなわち人間性を浮き彫りすることになるのである。

義経における運命的な出あい、ということになれば、それは、梶原景時《かじわらかげとき》との、あの宿命的な対決にきわまる。悲劇はすべて、ここにその源を発している。すなわち、いうところの「梶原讒言《ざんげん》」である。梶原の奸佞邪智《かんねいじゃち》が、英雄を無辜《むこ》の罪におとしいれた。その甘言に乗せられて、頼朝は、この曠古《こうこ》の英雄をあたら窮死に追いやるのである。

憎んでも憎んでもあまりある悪人は、梶原である。「判官贔屓《ほうがんびいき》」というのは、この「梶原憎し」のこころを、義経正義の全面主張に組織したものと言ってよいのである。頼朝もしょせん「大梶原」にほかならぬ。元凶は梶原だ。

これが、判官贔屓のこころである。そこでは義経は、梶原に対してあることにおいて、もっとも義経的である。梶原の悪に対して、義経の善がある。それではじめて義経になる。義経という人は、よい人なのだ。その証人たる敵役として、梶原平三景時という性格がある。そういうコンテクストである。

義経・梶原対決の名場面はいくつもあるが、もっとも人口に膾炙《かいしゃ》しているのは、屋島出陣のくだり、「逆櫓《さかろ》」の段であろう。元暦二年（一一八五）二月十六日。『平家物語』巻第十一。船軍《ふないくさ》評定の場。

梶原「今度《こたび》の合戦、船に逆櫓を立てては、いかがかと存ずるが」

判官「逆櫓とは、どうするのだ」

梶原「馬は駈《か》けようと思えば、弓手《ゆんで》（右手）へも馬手《めて》（左手）へも、小廻りがきく。船はしかし押しもどそうにも自由がきかぬ。そこで、艫《とも》と舳《へ》の両方に櫓を立て違え、脇楫《わいかじ》を入れて、進むにも退くにも、どちらでも自由に出来るように、したいものと存ずる」

判官「いくさというものは、一歩も引くまいと思っていても、状況が悪ければ、引くのが、常の習である。それを、最初より逃げもうけ（逃げる用意）をして、何のいくさだ。出陣にまことに不吉である。逆櫓を立てるも、返様櫓《かえさまろ》を立てるも結構、おのおの方の船には、百丁、千丁、存分にお立てなされ。義経の船は、もとの通りにする」

梶原「りっぱな大将軍というのは、駈くべきところはかけ、引くべきところは引いて、身を全うし、敵を亡してこそ、名将と申すもの。ただ進むだけというのは、猪《いのしし》武者《むしゃ》と言って、これは名将と申さぬ」

判官「猪《いのしし》、鹿《かのしし》は知らず、軍《いくさ》はただ平攻《ひらぜ》めに攻めて（攻めに攻めて）、勝《か》たる心ちはよき」

聞いて侍たちは、梶原を恐れて、高笑いこそしなかったけれども、目引き、鼻引きしてささやきあっていた。「判官と梶原と、すでにどし（同士）軍《いくさ》あるべし」。武士たちはひそかにそう言いあっていた、というのである。

猪武者、結構である。いくさは、攻めに攻めて、勝つということをもって、本懐とする。武将義経の真面目は、そこにある。退く、というのは、やむを得ず、その時の情勢で、余儀なくさせられるものである。前もって退くことを計算に入れておくようでは、勝つことはできぬ。

これは「勇者の論理」である。

それに対して、梶原の「逆櫓戦法」は「智者の論理」である。「駈くべき所をかけ、引くべき所を引いて、身を全うし、敵を亡す」。たしかに「大将軍の戦法」である。理にかなっている。しかし、勇において後ろめたいところがある。義経を英雄とするこころは、智と理に多少は欠けても、凛々《りり》しい勇者の誉れを評価するこころだったのである。ほとんど同じように緊迫した場面が、もう一度あった。同じ『平家物語』巻第十一「壇浦」のくだりである。元暦二年（一一八五）三月二十四日、源平矢合せ。そう決まった。いよいよ大詰である。宿命の対決が、まためぐってきた。

梶原「今日の先陣、まげてこの景時にお与えいただきたい」

判官「この義経がいないならば、ともかく、義経ある限り、他人に先陣を譲ることは、できぬ」
梶原「和殿は大将軍でござろう。先陣を争うような立場ではあるまい」
判官「それはちがう。大将軍は鎌倉殿（頼朝）だ。義経は、その奉行を承っている身分だから、貴殿方と、すこしも異なるところがない」
梶原（先陣を所望しかねて）「天性、このお方は、侍の主にはなれない方だ」
判官「この大馬鹿者」。（刀の柄《つか》に手がかかった）
梶原「拙者は、鎌倉殿のほかに主を持たぬ。和殿の世話にはならぬ」
これも、太刀の柄に手がかかった。一大事となった。梶原の子、源太景季・次男平次景高・三郎景家らが父景時を包んだ。判官の権幕をみて、佐藤忠信・伊勢義盛・源八広綱・江田源三・熊井太郎・武蔵坊弁慶ら一騎当千の兵たちが、梶原父子を取り囲んで、ジリジリと迫った。三浦介義澄が義経に、土肥実平が梶原に取りすがり、やっとのことでここのところはおさめた。しかし梶原は、恨み骨髄に徹した。ついに判官を讒言し、これを失うにまでいたる——そう述べられているのである。
床几《しょうぎ》にすわり、軍扇をただ右左にまわすだけの大将軍は、義経の性分に合わなかった。「侍の主たる者の器でない」。そう罵られても、なおかつ陣頭に立って叱咤し、みずから馬を駆り槍を取って、武功を立て、大将軍となる。これが「義経兵道」であった。これこそは、まこと大将軍たるの道ではないか。それを猪武者と呼ぶなら、結構、そうするがよい。義経は、これでいく。スカッとして、まことに気風《きっぷ》がよい。義経の魅力はここにある。これでは、梶原流に、すなわち頼朝流の大将軍になれないこと、請け合いである。だから義経なのである。自分は手を下さないで、人のやったことを自分の手柄とする「政治の論理」は、義経のものでない。「自前人間の論理」。それこそ、すぐれて義経的な英雄の論理だったのである。

義経と佐藤三郎兵衛尉《ひょうえのじょう》

疾風怒濤《しっぷうどとう》をおかして、四国に渡った義経手勢の精鋭は、昼夜兼行で屋島に迫った。あわてて内裏を焼きはらって、みな船に乗って沖に出ようとしたものの、寄せ手わずかに七、八十騎と聞いて、総大将平宗盛も、すこしバツが悪くなった。「能登殿はおはせぬか、陸へ上って、一軍し給へ《ひといくさ》」。そう命じた。「かしこまってござる」。能登守教経。「王城一の強弓」とうたわれた精兵《せいびよう》である。これも平家にその人ありと知られた剛の者、越中次郎兵衛盛次をひきつれて、渚までとってかえし、陣どった。盛次は、口の悪いのでも聞こえている。寄手の大将はだれかと呼ばわったのに、伊勢三郎義盛が「鎌倉殿の御弟九郎大夫判官殿」と答えたのを聞いて、「なるほど、平治の乱にみなしごとなり、鞍馬の児《ちご》になっていた時、金商人《こがねあきゅうど》の従者になり、荷物を背負って奥州へ流れ落ちた、あの小冠者のことか」。義盛も負けていない。「よくも言いおったな。そういう和殿は、越中砥浪《となみ》山のいくさに追い落とされ、やっとのことで命拾いをし、北陸道を乞食しながら、泣く泣く都に上ったというではないか」。盛次「君の御恩に飽き満ちている身だ。何の不足あって、乞食なぞするものか。そういう和殿こそ、伊勢の鈴鹿山で山賊をして、世渡りしていたというではないか」。

源平合戦には、こういう「口合戦」もあって、おたがいに正義を主張しあう言論戦・宣伝合戦として、かなり重要な役目を果たしていた。義経主従が、当時、まわりでどんな目でみられていたかも、これでまことによくわかる。平家に対し、また頼朝に対し、れっきとした大将家の品ではないこと、その家来というのも、うさんくさい連中でかためられていて、氏素性のたしかなものは、ほとんどいないこと。そういうことが、大将義経を「天下政治」の中で孤立させていた。それが、言ってみれば「悲劇の土壌」になる。いやおうなしに、実力で勝負する義経主従、という性格を、そこから押し出してくることになったのである。

氏素性の定かな者のほとんどいない義経郎従の中にあって、佐藤嗣信《つぎのぶ》・忠信《ただのぶ》兄弟は、千鈞《せんきん》の重みを持っていた。この二人は、平泉藤原の一族として、奥州武士を代表する名門であった。そのゆえをもって、特別に兵衛尉にも任じていた。頼朝は、奥州武士がこういった破格の栄誉を受けたことはないといって憤り、こういう部下をもつ義経を、危険集団の親玉のように白い眼で見ることにもなっていくのである。義経にしてみれば名馬「陸奥黒」のように毛並みのよい「一の郎等」であった。屋島合戦は、この佐藤ヒーロー物語なのである。

「船軍《ふないくさ》は、こうするものぞ」。能登守の王城一の強弓は、ねらいを定めて、つぎつぎに飛んでくる。百発百中。あたる者は、みなたおれる。義経もあぶなくなった。佐藤兄弟・伊勢義盛以下の面々がすすみ出て、その矢面に立った。「雑人原《ぞうにんばら》、そこのけ」。能登守は大音声に呼ばわりざまに、判官目《め》がけて、さんざんに射かけてきた。佐藤三郎兵衛がまっ先かけて、先頭をすすんでいた。弓手《ゆんで》から馬手《めて》の脇へ射抜かれて、しばしもたまらず、もんどり打って、馬から落ちた。菊王という大力の能登守の部下が、その首を取ろうと走りかかった。佐藤四郎兵衛忠信が、兄の首取らせじと、よっ引いて、ひょうと射た。見事にあたった。菊王はバッタリ倒れた。能登守は、急いで船からとびおり、菊王をだき上げ、船に投げ入れた。これでいくさも、いたみ分けとなった。

三郎兵衛は、腰板にかつがれて、判官殿の前につれてこられた。判官は馬から降りて、その手をにぎった。

判官「三郎兵衛、如何《いかが》覚ゆる」

三郎兵衛（息の下より）「今はかうと存じ候」（もう、これまでです）

判官「思ひ置く事はなきか」（何か言い残すことはないか）

兵衛「何事をか思ひ置き候べき。君の御世に渡らせ給はんを見参らせで、死に候はん事こそ、口惜しう覚え候へ。さ候はでは、弓箭取るものの、敵の矢にあたり死なん事、本より期《ご》する所で候也。就中《なかんづく》に源平の御合戦に、奥州の佐藤三郎兵衛嗣信と云ひける者、讃岐国八島の磯にて、主の御命に替り奉りて討れけりと、末代の物語に申さん事こそ、弓矢取る身は、今生の面目、冥途の思出にて候へ」

申すもあえず、見る見る弱って、虫の息となった。

判官（ハラハラと涙を流し）「此の辺に貴き僧やある」（とたずね出して）「手負ひの、唯今落ち入るに（負傷した者が、今、命をおとした）、一日、経書いて弔へ」

太く逞《たく》ましい黒い馬に、金覆輪《きんぷくりん》の鞍置いて、これを、かの僧に布施とした。これは、判官が五位尉《ごいのじょう》（検非違使）になった時を記念して「大夫黒《たいふぐろ》」（五位黒）と名づけられていた名馬であった。一ノ谷の鵯越《ひよどりごえ》の逆落《さかお》としにも、この馬で落としたのであった。弟の四郎兵衛尉をはじめとして、これを見る勇士の面々、みな涙を流し、「此の君の御為に、命を失はん事、全く露塵程も、惜しからず」と言いあった――。

同じ『平家物語』巻第十一「嗣信最期」のくだりである。物語中でも屈指の名場面である。義経を史上の英雄とたたえしめる上で、この「嗣信最期」のはたした役割は、まことに大きい。嗣信をすばらしい勇者の像にえがくのは、取りも直さず主君を彫り深く描くゆえんである。「弓箭取る者、敵の矢に当たって死ぬ。もとより覚悟の前である。まして、君の身替りになって死ぬのである。これ以上のよろこびはない。ただ君が天下を取るのを見ることなしに死んでゆくことだけが、くやしい」。

今はのきわの勇者のことばである。その手を取って、義経は、男泣きに泣いた。まわりも、みな泣いた。男と男の綴る人間詩話である。義経は、こういうあたたかい血の通い合う武士道の中で、英雄化されていったのである。

頼朝と義経

頼朝は兄である。自分はその弟である。義経は、このきわめて自然・当然の「兄弟の論理」に従って、弟として頼朝に兄事しようとした。

しかし頼朝は違っていた。自分は天下の主たる「鎌倉殿」である。源氏のミウチといえども、この権威に従わねばならぬ。頼朝は、この「鎌倉殿」の支配する「主従の論理」に従って、義経を「平の従者」として、服仕せしめようとした。

このすれちがいが、「義経無情物語」となる。「主従の論理」が冷酷無比に、義経天賦の「人間の論理」を征服してしまうのである。

「小頼朝」梶原景時の弾劾状《だんがいじょう》が、二人の英雄の間の陰にこもったたたかいを、一挙にホットなたたかいに燃え上がらせてしまったのである。平家征討のために、軍奉行として派遣されていた梶原景時は、壇浦終戦後の軍状報告の末尾に、次のような判官告発状を添えたのであった。「判官殿は、君の代官なので、大勢の御家人をつけて、合戦させた。判官殿は、あの勝利を自分一人の手柄のように思っておられるけれども、これは多勢合力の勝利である。武士たちは、だれも、判官殿のためにたたかったとは思わず、君のためと思うからこそ、力を合わせて、勲功もはげんだのである。ところが、平家滅亡後の判官殿の思い上がりは、募る一方で、武士はみな薄氷を踏む思いでいる。自分は、君の側近で、君の意のあるところを十分知っているので、そのつもりでお諫めすると、かえってうとまれ、処罰されそうな形勢である。戦も終わった今日、一日も早く帰参させていただきたい」。

これは、要するに、武将義経の存在があまりに大きくて、梶原ごときが、虎の威を借りて、統制の網にかけようとしても、とてもその中におとなしくおさまるような雑魚《ざこ》でないことを、クドクドと言い立てたものにほかならぬ。鎌倉の全秩序をおしのけてしまうほどに、義経の武功は抜群だったのである。統制派としては、その「超群」を「独断専行」として責める以外、面子《めんつ》の立てようがなかったのである。

梶原報告を伝える『吾妻鏡』の解説記事が、現にそうなっている。「参河守範頼の方は、はじめから、よく頼朝の命に従って、事大小となく、千葉介常胤や和田義盛らと相談してやった。しかし、判官義経の方は、独断専行、君の命令を守らず、すべて雅（我）意に任せて勝手気ままにやるものだから、みながこれを恨んだ。梶原だけではない」。

これが、鎌倉側の公式見解である。梶原報告が、客観的な事実報告というよりも、ソリの合わない客将排斥の訴状という感じのものであるだけでない。受け付けた幕府までが、梶原の線でこれを裁いていることがわかるのである。問うに語らず、語るに落ちたもの、ということになる。

頼朝は、文治元年（一一八五）四月二十九日付で、内命を西海の御家人に伝えた。「義経は独断専行で、侍たちは、私の服仕の恨みを含んでいるという。今後、関東に忠誠をいたそうとする者は、義経に従ってはならぬ」。

これは「内命」であった。しかし、事実上の国交断絶である。追放令にひとしい。義経は、弟たる代官である以上、その権限行使は、兄そのものを代行するものという判断に立っていた。それを「自専」「雅意」「自由」ととらえるのは、要するに「従者の分に過ぎる」という認識である。こういう考えにあっては、弟としての権限行使は「もう一つの主権行使」として断罪される。「私に服仕の思い」と武士たちの心を表現しているのは、この主のうけとめかたに対応するものである。義経は代官ではない。独立したもう一人の支配者である。頼朝の側から、そのように認定され、どう弁明しても、受け入れられない。そうなれば、義経も、もう一つの主権意志として、これに対抗するよりほかない。鎌倉方がそのように追いこんだのである。

義経は、切々と人の胸を打つ腰越状《こしごえじょう》を残し、ついに鎌倉と絶つことになる。義経にしてみれば、あえばわかる、話せばきっとわかってもらえるはずだ――そういう期待感があっての腰越状であった。兄と弟、人間の血に対する信頼があった。しかし頼朝は、これを拒否した。これまで勝手に振舞っていて、今さら弁解を聞くまでもない。そういうのだった。兄であり弟であることの理解は、ついによみがえらなかった。頼朝からすれば、そのような期待自体が得手勝手と判断されたのである。義経が「兄頼朝の理解」を求めれば求めるほど、頼朝は「主鎌倉殿」に徹したのである。

藤原秀衡と義経

追放後の義経は、みるも無残な流竄《るざん》の将であった。伊勢三郎・武蔵坊弁慶ら手郎等《てろうとう》が、わずかにそのまわりにあるだけであった。主従は厳重な警戒網をくぐって平泉に向かった。鎌倉二重三重の重囲の中にあって、ただ一筋、この敗残の将に救いの道を開いていたのは、奥州平泉・藤原秀衡《ひでひら》その人であった。

藤原氏は清衡―基衡―秀衡と相承けて三代およそ百年間、北方に王権を確立して、中原の政争の外に、独立を保ってきた家柄である。安倍氏・清原氏を承けて、この北方覇府を樹立する王者藤原にとって、不《ふ》倶戴天《ぐたいてん》の仇は、源氏であった。源氏もまたこの北方王家を「相伝の遺趣残る宿敵」と考えてきた。前九年《ぜんくねん》の役《えき》・後三年《ごさんねん》の役《えき》。藤原の先輩氏族安倍氏・清原氏は、奥羽に武門の覇権《はけん》を樹立しようとして、その寸前、源氏の武力介入によって強行粉砕されてしまった。しかし、他方、その源氏もまた、前門に虎を追って、後門の狼を迎え入れた観があった。安倍氏を討って、清原氏制覇に道を開き、清原氏を滅ぼして、藤原氏制覇に力を貸す結果となったのである。そして、保元《ほうげん》の乱・平治《へいじ》の乱に平氏と激突、敗れて雌伏しているうちに、藤原氏は奥羽に牢固たる地方政権を確立してしまった。平氏はいち早く平泉支配の既成事実を承認し、秀衡を鎮守府将軍・陸奥守に任じ、これを「北の同盟者」に組織した。そして、源氏の反平家のたたかいが始まると、これに鎌倉を背後から衝かせる共同戦線を張ることになったのである。

源氏にとって藤原氏は、安倍・清原氏に次いで、第三の北の大敵となった。平家との二正面作戦を避けて、平家が西にあるうちは平泉との間に不可侵を約して、鎌倉の安泰をはかっていた頼朝であった。今やその平家も滅んだ。最後の敵は平泉である。宿命の対決の機が迫った。その「鎌倉と平泉の間」に、義経が割りこんでくる。対決の緊張が急速に高まった。

秀衡と義経。これは、史上、普通に伝えてきたように、秀衡が義経にあわれみをかけ、義経がそのお情けでかくまわれたというような、そんなお涙頂戴のメロドラマではない。秀衡は、天下のおたずね者に、わけもないあわれみをかけて火遊びをするような物好きの大将ではない。まず何よりも、平泉の独立と名誉のためにはかる老練な政治家である。この天下の名将と平泉が結ぶなら、かりに天下の軍勢が攻め寄せてきても、おそれることはない。いや、戦争そのものさえ防ぐこともできよう。だとすれば、戦争のリスク（危険）をおかしても、この源家の御曹司と同盟するのが、平泉のために有益である――。

政治家秀衡には、それだけの計算があった。義経のためでない。平泉の利益のために秀衡は義経を迎え入れたのである。あわれみをかけて、かくまってやったのではない。あの敗残の身をもって、義経は、平泉の独立を託するに足る名将として迎え入れられているのである。

これは、義経の名誉のためにはっきりしておかねばならぬ。あわれみをかけられる義経では、英雄の名に値しないのである。この礼遇は、頼朝のもとで義経がついに経験することのない人格としての扱いであった。秀衡との出会いが、どのように貴重なものであったかがわかる。義経を義経として発見したのは、実にこの秀衡だったのである。義経をかくまった秀衡よりも、義経を発見した秀衡の方が、義経にとっては、いっそうありがたかったのである。

このことを、義経は十分知っていた。秀衡が死んだ時の義経の歎きを、『義経記』は次のように伝えている。馬に鞭うってかけつけたのであったが、秀衡の体は、すでに冷たくなっていた。そのむくろに取りすがって、義経は人目もはばからず泣いたのである。

境はるかの道をこれまで下る事も、入道（秀衡）を頼み奉りてこそ、下り候へ。父義朝には二歳にて別れ奉りぬ。母は都におはすれども、平家にわたらせ給へば、互に快からず。兄弟ありと雖も、幼少より方々にありて、寄り合ふ事もなく、剰《あまつさ》へ、頼朝には不和なり。如何なる親の歎き、子の別れといふとも、これには過ぎじ

まことにあわれである。「ただ、義経が運の窮むるところとて、さしも猛きこころを引きかへて、歎き給ひけり」。さもあろう。秀衡あっての義経だったのである。その秀衡がなくなったのである。義経もこ

れでおしまいなのである。「如何なる親の歎き、子の別れといふとも、これには過ぎじ」。平泉は義経にとって「人間発見の場」であったのである。

（『歴史読本』二七―二〈一九八二年六月〉より収録）

コラム　義経と弁慶――その実像と虚像

虚実の間　大唐の昔についていえば、三蔵法師《さんぞうほうし》と悟空《ごくう》・八戒《はっかい》、本朝《ほんちょう》においていえば、水戸黄門《みとこうもん》と助さん・格さん――まずそういったコンビを念頭において、義経・弁慶の取り合わせを考えていただけば、およそのところ想像はつく。

三蔵さんこと玄奘《げんじょう》は、大唐の偉大な訳経僧である。「大唐西域記《だいとうさいいきき》」の旅に、千辛万苦の労を重ねてインドの経典を蒐集し、これを漢訳して、唐朝一代の仏教教学のいしずえを築いた。その異常に強烈な人格のまわりに、孫悟空《そんごくう》や猪八戒《ちょはっかい》のような神変異形があらわれて、三蔵法師は後光のひかりかがやく神格として語り伝えられるようになったのである。「西遊記《さいゆうき》」はその〝神聖喜劇〟（デヴィナ・コメディア）だった。

同じようなことは、水戸黄門についても言える。徳川光圀《みつくに》――御三家の一人、水戸二代藩主、中納言。副将軍というのは俗称にしても、常時江戸詰の将軍補佐役となれば、副将軍もあながちオーバーとも言えまい。小気味よく正義の筋をおし通してゆくこの御三家様に、江戸っ子かたぎは、強い共感をおぼえた。〝われらの英雄黄門様〟は、こうして脚色されてくる。天神林の光右衛門、お伴は助さん・格さん。思い切ってくだけたいでたちで、おしまいに「前の副将軍光圀公なるぞ」と居直るところで、歴史と物語とをおもしろおかしく結び合わせる趣向となっているのである。

義経と弁慶、またしかりである。実像義経は正史にその名を残すことができても、そのままではとてもみんなの英雄になどなることはできなかった。〝判官びいき〟の感情移入が歴史を思い切りふくらますことによって、義経は一気に大衆のふところの中に根をおろすことになった。弁慶という相棒が加わることによって、虚像は大入道のように巨大化した。もはや実像にもどる退路は、この判官びいきにおいては絶たれている。この英雄物語、いったい歴史なのか、それとも伝説なのか。そんなことがまじめに問題になるところにこの英雄の特殊な魅力の秘密もあるのである。

英雄の条件　尾崎秀樹《おざきほつき》氏は『英雄伝説』のなかで、〝英雄〟になるための条件として、つぎの五つをあげられた。一に曰く〝正義派〟ということ、二に曰く〝乱世〟ということ、三には〝スーパーマン〟たるの力量、四に〝悲劇的〟ということ、五つには〝ナゾの生涯〟だということ。そして、これらの条件をもっともよく満たしているのは義経だというのだった。まず異論のないところである。

あの狂瀾怒濤《きょうらんどとう》の治承・寿永の内乱期に、父の仇を報じ、兄の義挙に献身する若武者として源九郎は登場する。一の谷・屋島・壇の浦。あっという間に平氏の天下を源氏の天下に転換してしまった。まさに神技というよりほかにない超人ぶりである。しかしながら、なんということだったたろう。その赫赫《かつかく》たる戦功へのむくいは追放・迫害そして追討ということだった。悲惨というもおろかな結末である。ところでふりかえってみてこの英雄、どこからどうして立ちあらわれて、どこでどう終わったのか、どうもなんとも定めにくい。風のようにあらわれてきては、また風のように去ってゆくのである。

このようにして、実録を編む段階でさえ、この英雄はある種の感情移入をもって、その欠けたる大穴を埋めながら推理しなければ、歴史にすらならないスーパースターである。『吾妻鏡』など、もうそうなり始めている。まして一般の人が、ある程度筋道だった義経ストーリーをもつためには、そのような感情移入の推理と評価とは不可欠な要件となる。『平家物語《へいけものがたり》』『源平盛衰記《げんぺいせいすいき》』に始まり『義経記』にきわまる〝判官びいき〟の義経伝説は、こうして導かれてくるのである。実像が虚像を呼び、虚像が実像を脚色してしまったのである。

肉づいた仮面　実像義経を虚像義経に転換させたものは、義経自身への愛着〝判官びいき〟であったと言うよりも、むしろ〝弁慶びいき〟であったと言える。武蔵坊の忠節ぶりが、あまりに真に迫って、血わき肉おどる体のものだったために、その奉仕先の義経も、いやおうなしにドラマ化されざるをえなかったのである。五条の大橋、牛若丸との決闘、北国落ちに勧進帳を読み上げるくだり、そして平泉は衣川の立ち往生。数えきたれば、さすがの義経もワキ役にほかならぬ。ドラマをささえるシテは、完全に武蔵坊である。

しかし、武蔵坊弁慶、記録では『吾妻鏡』にわずかに二回その名をとどめるだけである。どんな英雄なのか、物語などこれっぽっちもない。この点『平家物語』も同様である。ここにも、ただその名があるのみである。もっともおくれて成立する軍記物『源平盛衰記』で、この滅法強くて愛嬌のある英雄弁慶の物語がはじめて構想される。『義経記』にいたって、それは主人判官と形影相伴なうヒーローとして、完全な造型をみることになる。

しかし、である。たしかな記録では、義経の北国落ちの手引をしたのは山法師俊章という悪僧だったということになっているし、勧進帳を読み上げるというので名声をはせた大物としては、当代文覚《もんがく》上人の荒行《あらぎょう》をあげることができるが、弁慶という法師にそういう実績があったということは、なんにもみえない。

わたくしの推測するところでは、一方には俊章、他方には文覚という当代の荒法師たちの性格を滅法強い義経のコンビにふさわしいように練り合わせて、これを第一主人公義経の影武者に仕立てたのが弁慶像だろうと思う。その証拠に、いったん勇ましい弁慶像ができあがると、肝腎の義経は、勇将・名将の座からあっさりおりて、今業平か光源氏まがいのやさ男にすっかり転身してしまっているのである。ふしぎなこともあるものだ。こんなことでも義経物語でありうるものだろうか。正気の人はそう反問したくなるところだが、そんなことを野暮なはなしとしりぞけて、英雄譚を語りついでいるところに、判官びいきのたのもしさがあるのである。

（『歴史と地理』二〇四号〈『日本史の研究』七八号、一九七二年九月〉より収録）

コラム　藤原氏の貢馬

「奥州藤原氏と荘園の問題」（『岩手史学研究』二六号）、「古代東国の貢馬に関する研究」（『歴史』一七号）、「奥州藤原氏四代」「古代陸奥の廏のこと」（『古代文化』昭和三十三年十二月号）の一連の論稿の中で、筆者は、奥州藤原氏の貢馬が古い古代東国の貢馬の伝統を荘園制的＝領主制的に限定して継承したものであろうことを述べた。それらの諸論稿の中で、平安中末期の陸奥国の貢馬が、東国の勅旨牧《ちよくしまき》貢馬の伝統をうけたものであることは、ほぼ証明されていると思う。平安中末期の陸奥国は、一つの廏《うまや》体制の下にあったとみることができたのである。それは『北山抄《ほくざんしよう》』に、陸奥国の交易馬御覧《きようやくば》の儀式が、東国勅旨牧貢馬の駒牽《こまひき》の儀式を継承したというふうに記されているのをもって、その現実の制度化とみてよかろうと思う。

また『台記《たいき》』にみえる摂関家領奥羽荘園が、藤原氏の在地領家支配の下に、貢馬をその年貢の基本形態としたらしいこともはっきりしているのであるが、これについてはすでに西岡虎之助《にしおかとらのすけ》氏のすぐれた論稿（「武士階級結成の一要因としての牧の発展」）があって、それは令制における牧の荘園化したものであろうという見通しがたてられている。すなわち、ここでも、律令制からうける藤原氏権力の権原が確かめられるのであるが、それにしても、藤原氏のこのような行為なり性格なりが、直接に陸奥国衙《こくが》もしくは国司のそれをうけたものとする理解にまで届いていたとは言えない状況にある。そこで史料紹介のようなつもりで、それを具体的に物語る記録を次にかかげて、少しくその考察を試みておくことにしよう。

『兵範記《へいはんき》』の仁平四年（一一五四）九月二十九日の記事によると、鳥羽城南寺祭に五番の競馬があった。その時に出場した馬には、それぞれその所属、もしくは産地が示されているが、その第五番目のものは、次のように記されている。

五番、左、府生播磨武弘、追、御厩三鹿毛、
　　　右、番長奉兼依、勝、基衝二鹿毛、

ここで右の勝馬について記されている「基衝」の「衝」であるが、これは『史料通覧』『史料大成』本とも「衝」となっているのであるが、おそらく「衡」の誤りであろう。筆者は遺憾ながら『兵範記』の原本に接する機をえないので、それが写本における誤りなのか、校訂者の誤読なのか、それとも純粋なる印刷上の誤字なのかを詳かにしえないのであるが、「衝」が「衡」の誤りであることは間違いないと思う。そして「基衡」というのは、いうまでもなく、奥州藤原氏二代の基衡のことで、それは、基衡貢納の馬であることを意味しているとみてよいであろう。

いささか強引な推定のようにあやぶむ向きもあろうが、それには理由がある。というのは、この同じ競馬用馬の産地を示しているものには、このほかにも第二番の左馬について、それが陸奥産であることを示しているのもあるから、そのような場合を人であらわした例として基衡が出て

くることがきわめて自然であるからである。

　しかしそれよりもさらに有力な傍証がある。これも出典は同じ『兵範記』で、その仁安二年（一一六七）十月二十六日の競馬のところでは、第四番の右勝馬について、これを「秀平鴾毛《ときげ》」と記し、第八番の左勝馬についても「御廐秀平栗毛駮《まだら》」と記して、秀平つまり藤原三代秀衡の貢馬が出場していることがわかるから、基衡が同じようにこの種の貢馬をしていたとしても、何もふしぎはないのである。もっともこの「秀平」を平泉秀衡とするのを躊躇する人もあるかも知れないが『玉葉《ぎょくよう》』などでは秀衡は常に秀平と書かれているし、彼はこの三年後には鎮守府将軍に任命されるのであるから、この秀平が秀衡であることだけは動かないところであろう。この場合にも、第六番の右馬について「六国《むつのくに》一栗毛」とあって、それが六国＝陸奥国産であることがわかるので、陸奥と秀衡という対応があるところからすれば、仁平四年の基衡が基衡であることも、推定して大体誤りないと思うのである。

　さて、ここに示されている馬の所有者もしくは貢進者は、受領もしくは公卿たちである。そこで基衡や秀衡が在地領主としてここに名を列ねているのは、彼らが受領なみに扱われていることを示していると言ってよかろう。基衡と宗形宮内卿師綱との紛争を記している『十訓抄《じっきんしょう》』が、彼を「在国司」というふうに呼んでいるのは、もちろん後になってからのことであるにしても、その事実上の国司たる地位を承認してのことであるし、秀衡が鎮守府将軍ついで陸奥守に任ぜられるのも、このような事実にもとづいてのことであった。

ところで、この競馬であるが、これは天覧競技であって、衛府の官人たちがおそらく古い馬飼の奉仕の伝統をうけて行なうところのものであった。かりにそのように古いいわれなど問題にしないにしても、この行事が国家的な意味をもつものであったことは確かなことで、基衡や秀衡の貢進馬が、このように他の受領たちのそれと同じように国家的＝宮廷的な意味をもつものであったとすれば、彼らの貢馬が、陸奥国司による国衙としての貢馬義務を「在国司」的に継承したものであるという見通しは、これでほぼ確かになると思う。そして、律令国家の内部で、公権が私権に転貌するにつれて、彼らの公的な貢馬も、国家の下での私権、つまり摂関制とか院政とかいう権力への私的な服従＝奉仕という性格のものに変わっていく。そのような領主制的な服従関係が、古代律令制的な形式をかりていることも、こうしておのずから理解できると思う。

（原題「奥州藤原氏の貢馬について」、『日本歴史』第一三七号〈一九五九年十一月〉より収録）

あとがき

一昨年暮ちかく、わたくしは、この同じ出版社の吉川弘文館から『古代蝦夷を考える』という本を刊行させていただきました。そのとき、わたくしは、これで自分の著作の仕事を閉じるつもりでした。

それがまったく思いもかけず、すぐそのあとを追いかけるように、この本の出版ということに相成りました。望外のことです。過分というよりほかありません。これは、まったくわたくしの為すところではありません。すべて吉川ご当局、わけても編集部のかたがたの特別なる芳情の成すところです。はじめにこのことを銘記し、深く篤くお礼を申し上げる次第です。

わたくしが、人物叢書の一冊として『奥州藤原氏四代』を書いたのは、一九五八年でしたから、もう三五年も前のことになります。今にして思えば、これが「わたくしのはじめ」であり、また「わたくしのおわり」でもありました。以後のわたくしのあゆみは、「平泉それからの軌跡」にほかなりませんでした。

わたくしは、この処女作の姉妹編として『藤原清衡』（『平泉の世紀』と改題、清水書院）、『平泉』（教育社）などを書きつぐとともに、これらと相前後して、藤原の諸問題、平泉のもろもろのことについて、折にふれ時に応じて、あるものは研究風に、他のものは評論的に、いくつかは軽く随想タッチで、かなりの数、書いたり論じたりしてきました。

今回、『奥州藤原氏――その光と影』とアカぬけた題をいただいて、一書を成すことになったのは、その四季おりおりの断章一六編です。編集部のかたがたは、わたくしが諸方に書き散らして、時として、所在はおろか、ものしたこと自体、失念してしまっていたようなものまで丹念にさがし出し、選択して、それらを「その光と影」「その権力を探る」「藤原氏とその周辺」の三部に編成、巻頭に「奥州藤原氏の栄光と落日」という題の総論をおいてくださったので、何か全体、「復活藤原慶祝の書」のようなものになって、わたくしとして、名誉この上もないものとなりました。

これまでの書きおろしの単行本の系列を、かりに「私本藤原正史」と名づけるなら、これはさしずめ「私説藤原外史」といったいでたちの本です。時として史伝風にすらなっていますから「外伝」と言ったほうがよいかもしれません。源氏物語には、歴史と物語を比較した興味深いことばがあります。「日本紀などはかたそばぞかし。これら（物語）にこそ道々しく、くはしきことはあらめ」。わたくしも、案外、このような外史藤原・外伝藤原の中に、素顔の藤原がのぞいているような気がして、この本がそういう「真実藤原」再発見に役立ってくれればよいと、念じているのです。

一九九三年四月

高橋富雄

『奥州藤原氏――その光と影』それから

高橋富雄

本書も出版社のあたたかいご配慮のもと刊行を見てから歳月が流れました。載せていただいた諸稿の成立から数えますと、その歩みはさらにその何倍もの年月を重ね、それら各稿成立のもろもろの事情までふり返りますと、そのおこりは、著者この道事始めの半世紀以上も前の昔のことになります。

今この解説を施すに際して、流石《さすが》に懐旧の情、転《うた》た禁じ得ないものがあります。その昔懐しむ情を書きとめるのも、著者にとっては思い出深いことになりますが、他方に著者の「奥州藤原氏それから」にはかなりの変遷がありました。徒《いたずら》に情に溺れて繰り言を重ねるよりも、そこで未だ「光」を見ていなかった「影」に何がしかの「新しい光」を与え、「それから」について語る方が「本書のこれから」に向けての解説としてはよりふさわしいのでないかと思って、「影に光のそれからの弁」を構想したというわけです。ご了承下さい。

「それからの著者の仕切り直し」にも似た問題提起は「平泉の世紀」の論でした。「古代と中世の間」に「道の奥平泉からの問題提起の章」を一章特立して、この変革には、単なる「公家から武家へ」という権力交代以上にもっと根源的な「日本史上の歴史の土壌革命」があって、平泉は「その根源的な土壌革命の体制化のための一世紀にわたる実験歴史」として「平泉の世紀」に特立される——そういう趣旨のものでした。

今日、日常社会においてほとんど常識としてコンセンサスを得ている、「地方の時代」という新しい日本に向けての未来志向のあることを思い合わせて下さい。そしてこの「現代の未来改革志向」を、「過去の歴史の改革志向」に置き換えて考えて見て下さい。「歴史における地方の時代」。それを究極の形で「すぐれて地方的」「地方の地方の問題提起」として理念型的に体現し、実践に移して、その政治と文化に体制化したのが平泉でした。

古代国家が究極の国家目標に揚げた「列島統一国家」(「大倭日高見之国《おおやまとひたかみのくに》」)の理想を古代国家に代わって最終的に総仕上げしたのは平泉王国です。

本州最北部が「津軽」と呼ばれたのは「遠流《とおながる》」つまり「国家支配の及ばぬ流＝辺境」の意味でしたし、その拠点地区が「外ヶ浜」と呼ばれたのは、かの「溥天《ふてん》の下《もと》、率土《そつど》の浜《ひん》」の「率土の浜」の和訓訳で、これも「さいはての支配外地」の意味でした。そのように単なる「観念としてのみ存在した支配外地辺境」を「一つの体制内国家の中」に組織化し、一歩も二歩も先に進めて、「南白河関、北外ヶ浜まで」を、「体制国家内自治国家」に再編して、「もう一つのモデル自治国家」を立ち上げて「中世国家の原型」を史上に提示したのも平泉政治だったということになります。律令古代国家を北方に看取《みと》るのが平泉の王者なら、中世武門国家の未来を呼んでいたのも、この北方王者の政治だったということになるのです。

この「古代から中世への国家構造改革」があの「日高見国」「蝦夷国」「道奥」。ありとあらゆる「未開野蛮」の悪名で呼ばれていた「北のさいはて日高見《ひなほと》の国」から、その「自覚的な自己変革」として歴史に来たのです。まことに奇跡的と言わねばなりません。まさしく歴史に新しい扉を開く「下からの構造改革」として「真に創造的な歴史」でした。

かの民主主義の綱領「人民の、人民による、人民のための」の「ひと」を「ところ」に置き換えて「地方《ひな》の、地方《ひな》による、地方《ひな》のための時代」を「国家国民のために」開いているところの「東海ジパング黄金物語」です。この「夢物語」にしかなり得ない筈《はず》の歴史を、平泉は「正夢《まさゆめ》物語」に語り伝えているのです。

「それからの著者」は、このこころで平泉文化のあの「皆金色の創造精神」も考えるようになりました。この黄金文化の根底には「地方の時代の文化のこころ」として、「地方の主題性」が据えられていました。「みちのく此土《しど》浄土のこころ」です。

「王都平泉の中央本尊寺」中尊寺（毛越寺・無量光院までを含めて）の皆金色は「マクロ（極大）のかたち」、奥羽全土の村々、そこの個々の人々の村寺・阿弥陀率都婆は「ミクロ（極小）のすがた」。「大いなる此土浄土のこころ」をそれぞれに分け合って、悉皆《しっかい》浄土のこころを一つにしていたのです。

「光と影それからの著者」は、この開眼に導かれて、「わが伝へて習はざる過去」を反省し、「平泉の皆金色」は、本性と、みちのく全領全村民此土浄土、悉皆往生の証しとして捧げられたもの、中央本尊寺皆金色はその「レアル＝イデアルのシンボル」であった――そう確信するようになっています。地元の信仰はそのこころに統一されていたのです。奥大道を旅する人々は一町別に阿弥陀笠率都婆の金色浄土を順礼し、中央本尊寺詣でに、その此土往生本願成就を確証できるよう、大道は真っ直ぐ中尊寺の正面にかかっていたのです。そしてその浄土往生道は、関山《かんざん》中尊寺詣でを終えれば、そのまま関山《せきやま》衣関へとかかり、「仏法往生道」はさながらに「王法往来道」として「関山《せきやま》関道」に踏み替えられて、衣関にかかることになっていたのです。すこしも違和感などなく、自然当然の読み換えです。「如法如是如々」とはこのことでしょう。

「此土浄土」。「大乗無上道」の謂《いい》（意味）です。その「最高のイデアル（理想）としての道」をこのように「最も身近かな往来の道」に重ね合わせて説くのは、「レアル＝イデアル哲学の最」たるものです。「色即是空、空即是色」「如々一如」などというのは「スコラ学の観念」ですが、このように「往生道」を「往来道」に旅する順礼行に受けとめられて、はじめて「万人の此土浄土往生行」として実感されることになったのです。『吾妻鏡』文治五年九月十七日条にその「実録寓話」が克明に語られているのです。「平衆衆徒等寺塔已下注文」として収録されています。敗戦後の寺院・寺領などの保護を求めて敵方に提出した歎願書の中の副進書です。

「残り物に福あり」というのですが、外国ではそのこころを一層実感こめて

“Sometimes the lees are better than the wine” 時として底に溜まった残り滓《かす》の方が本物のワインよりずっといけることがある。

と言っているそうです。「影に光のそれからの著者」も、この「しめの解説」の方が、ひょっとして、「旧

稿の本文」に優るところあるかも知れないと思って、場違いの感がないでもないのですが、解説代弁の補考を添えてその「注文」にふれておきます。「宮沢賢治注文の多い料理店平泉篇」のようなおつもりでお読み下さい。

㈠〔原文〕関山中尊寺の事。寺塔四十余宇、禅坊三百余宇なり。清衡、六郡を管領するの最初之を草創す。

〔註解〕これは中尊寺全般にかかわる総序です。したがって以下の全記事は「すべて中尊寺内《うち》なる記事」です。またそれは「清衡事始め大業」の中の「イの一番着手」として中尊寺ここに始まるの章」です。しかとご注意を。

㈡〔原文〕先づ、白河関より外浜《そとがはま》（津軽海辺）に至る、廿余ヶ日の行程なり。其の路、一町別に笠率都婆（笠塔婆）を立て、其の面に金色の阿弥陀像を図絵す。

〔註解〕中尊寺は「みちのく中央本尊寺」として構想され、「奥州縦貫奥大道一町別笠率都婆金色阿弥陀像碑」は、「マクロ中尊寺」の「みちのく全土一町別に区画されたミクロ中尊寺」であり、すなわち「みちのく此土浄土の最小単位浄土変の証し」です。『吾妻鏡』同年同月二十三日条には清衡は奥羽全領一万余村に村ごとに伽藍を建てたとあります。これは奥大道一町別阿弥陀浄土理念を村ごと村寺浄土構想に移し、奈良時代の国分寺理念を、平安初期に「郡寺構想」まで降ろしていたものを、「村寺」にまで徹底させ、町別村ごと浄土構想まで深めた「此土浄土決定版」として、古代国分寺理念を最終的に完成する意味合いのものでもありました。「マクロ浄土」が「ミクロ浄土」まで降り立ったものです。

㈢〔原文〕当国の中心を計り、山の頂上に於て一基の塔を立つ。

〔註解〕これは『法華経』「見宝塔品」による成文です。地下宝塔に入定の多宝如来が釈尊の法華経説法により地上娑婆《しやば》世界全土が金色燦然《さんぜん》と光り輝く仏国土に変成《へんじよう》するのを見て、塔ごと地上に湧出、天空にかかり、釈尊を塔内に迎え入れて相共に説法し、それにより此土仏国土変成は成り終えた経文に型どったものです。したがって「山上一基の塔」は天空にかかった多宝塔の形象化です。この山上一基多宝塔こそ「法身中尊寺」だったのです。

㈣〔原文〕寺院中央に多宝寺有り。釈迦多宝像を左右に安置す。

〔註解〕「山上一基塔」を承け、釈迦多宝両如来像を安置する寺院中央寺院すなわち金堂たる多宝寺は、「山上多宝塔院法身中尊寺」に対して「寺院中央寺院報身中尊寺」ということになります。その他講堂宇は「応身中尊寺」になります。

㈤〔原文〕其の中間、関路（衣関へ向かう関道）を開き、諸人往還の道と為す。

〔註解〕山上に「法身中尊寺」を望み、寺院中央には「報身中尊寺」を伏し拝み、「此土浄土往生道」は更衣《ころもがえ》です。「仏法関山《かんざん》往生道」は「王法関山衣関《せきやま》往来道」に変身するのです。

㈥〔原文略註解〕以上「仏法関山往生道」を歩み終え、「玉法関山往来遍」へと先を急ぐ旅人の後姿を見送って、記事はようやく釈迦堂、両界堂、二階大堂、金色堂、綺羅星《きらぼし》と居並ぶ「皆金色の段」に移るのです。

はじめに此土浄土があった。此土浄土は中央本尊寺とともにあった。その皆金色は此土浄土の証しだった――そう総括しておきます。

金色堂は「皆金色の象徴」です。三衡入定相遺体が「証人」となって、その此土浄土を永生の相に見守っています。六地蔵は、「引路《いんろ》菩薩」として六道輪廻の過去の亡霊まで済度して、三世一道悉皆往生をここに象徴しているのです。

満月や三世隈なき此土浄土

〈二〇〇九年六月〉

『奥州藤原氏――その光と影』を読む

七海雅人

本書について

本書『奥州藤原氏――その光と影』は、一九九三年七月に吉川弘文館から刊行された。著者の高橋富雄氏は、戦後の日本史学界において、東北地方の古代史・蝦夷（エミシ）論をリードした代表的な研究者の一人である。また、歴史という視座を介して、東北地方の風土と文化全般に対する考察を広く進め、数多くの著作をものしたことでも知られている。

本書は、著者七十二歳の時の作品である。四六判の判型、白の表紙カバーには中尊寺金色堂の覆堂とみごとな紅葉一面の写真が配され、「炎立つその栄光と落日　古代東北史の第一人者による決定版」というコピーが記された赤色の帯が付属していた。

「炎立つ」とは、本書の刊行と同じ一九九三年七月から翌年三月まで放映されたＮＨＫの大河ドラマである。藤原経清・清衡・秀衡・泰衡を主人公に、平泉藤原氏の興亡を描くストーリーであった。また、この頃は、北上川一関遊水地の堤防とバイパス道路の建設工事にともない一九八八年に発見された柳之御所遺跡(岩手県平泉町)の保存運動が、大いに盛り上がっていた時期とも重なる(その後、同遺跡は保存が決定され、一九九七年に国史跡に指定された)。都市平泉と平泉藤原氏に対する人々の興味関心が高まる中で、本書は編集された。まさに時宜にかなった出版であったといえるだろう。

本書は、冒頭に置かれた「奥州藤原氏の栄光と落日」という総論、そして第Ⅰ部「その光と影」・第Ⅱ部「その権力を探る」・第Ⅲ部「藤原氏とその周辺」という三つのテーマに分かれて配された各論とコラム、全一六編より成る。それぞれの論考の発表年は、一九五七〜八七年と長期にわたり、発表の機会も大学の研究紀要に掲載された学術論文から一般向けの書籍・雑誌に掲載された文章にいたるまでさまざまである。そのため著者は、これまで刊行してきた平泉藤原氏にかかわる単行本を「私本藤原正史」、本書を「私説藤原外史」と区別している(本書二四二頁)。

しかし、さまざまな機会に発表された論考の集成だからこそ、著者の平泉藤原氏研究の歩みを通覧することができるのである。また著者自身も、「このような外史藤原・外伝藤原の中に、素顔の藤原がのぞいているような気がして、この本がそういう「真実藤原」再発見に役立ってくれればよい」(同頁)、と本書に対する思いを述べている。

高橋平泉論のあゆみ

本書の「あとがき」には、著者の第一著書である人物叢書『奥州藤原氏四代』(吉川弘文館、一九五八年)について、「「わたくしのはじめ」であり、また「わたくしのおわり」でもありました。以後のわたくしのあゆみは、「平泉それからの軌跡」にほかなりませんでした」（本書二四一頁）、という感慨が載せられている。『奥州藤原氏四代』において示された論点・構想は、その後『藤原清衡』（清水書院、一九七一年〈一九八四年に清水新書『平泉の世紀　藤原清衡』として再版〉）、『平泉　奥州藤原四代』（教育社、一九七八年）において深められ、体系化されていった。そして、『平泉の世紀　古代と中世の間』（日本放送出版協会、一九九九年〈二〇一二年に講談社学術文庫として再刊〉）にいたって完成をみる。

その旺盛な研究活動の出発点には、東北大学東北文化研究会編『奥州藤原史料』（吉川弘文館、一九五九年）を単独で編纂するという努力があった。この史料集を駆使しながら著者は、「ナゾの東北、暗黒の平泉を、すこし筋道立ててわかる歴史にしてみたい」（本書八九頁）という問題意識を掲げ、そのナゾ解きに邁進したのである。本書に収録された一六編は、そうした研究のいとなみにおける折々の成果であり、右に示した著作群のエッセンスを端的に学ぶことができる。

平泉藤原氏の政治権力をどう理解するか

著者の平泉研究は多岐にわたるが、中心的な論点は、平泉藤原氏の政治権力の形成過程とその歴史的な意義・評価についてであろう。それは、つぎのように要約される。

①平泉藤原氏は、安倍・清原両氏から奥六郡の支配権を継承した。その権力の系譜は、蝦夷的なものを律令制的に改めたもの、すなわち俘囚主が古代蝦夷を支配した族長制としてとらえられる。奥六郡は、陸奥国現地における族長支配を象徴する領土であった（本書二一・一〇三頁）。

②俘囚長安倍氏による族長支配は、清原氏が鎮守府将軍に任官することによって、俘囚世界の限界をこ

えて律令的な権力として合法化された（本書一〇八〜一〇九・一一一頁）。

③藤原清衡・基衡段階になると、俘囚長的族長権力が体制化された在地の伝統的君主権を掌るとともに、国衙在庁の有力者の地位を得ることによって（著者は「在国司」や「押領使」の地位を重視する）、律令国家の公権力の一分肢をも獲得するにいたる（本書一二八〜一二九・一三四頁）。また摂関家の奥羽荘園制において、「在地総預り（領家）」といえるような役割を担うことにより、国司権力の及ばない土地支配権を拡大していく（本書一二九・一六二頁）。

④藤原秀衡の陸奥守任官は、奥羽現地の住人が正式に国家を代表するという画期的な出来事であった。これにより、東北地方の古代史は、「辺境」という区別を取り払い「一つの日本」に統合される。平泉藤原氏政権の成立の意義は、北方王国の独立を実現したことにあるが、その過程において、古代から中世への移行という歴史的転換が、辺境から力強く推進されることになった（本書二一一・三一一頁）。また都市平泉は、地方豪族が建設した最初の政治都市であり、地方に政庁が生まれる先駆けとなった（本書一六頁）。

⑤鎌倉幕府による平泉藤原氏征討の結果、中央の支配は東北地方のすみずみにまで及ぶことになる。平泉藤原氏と源頼朝の従者制は構造的に似通っており、平泉藤原氏が達成した奥羽両国の統一は、頼朝による全国的な統一へと引き継がれていく。両者の政庁の整備にも近いものがあった。平泉藤原氏の滅亡後、その筆頭奉行人とおぼしき豊前介実俊が頼朝のもとへ移り、鎌倉幕府の実務官僚に並び立つことができたのは、平泉藤原氏の政治が鎌倉幕府の政治へ無理なく移行できるものであったことを示している（本書七四・一四二・二〇九頁）。

以上、安倍・清原両氏から受け継いだ奥六郡における族長制的な蝦夷支配の権限を基礎に、国衙の有力な地位や鎮守府将軍・陸奥守など中央国家に裏打ちされた公的な権限・官職をまとうことによって、奥羽両国に唯一君臨する独立国家を樹立し得た。これが著者の描いたもう一つの日本史＝古代東北地方の内なる発展の帰結、平泉藤原氏の姿である。

平泉藤原氏研究、その後の展開

この著者の研究をどのように受け止め、乗り越えていくか。一九六〇年代以降進展した中世国家論・政治制度史研究の成果を受けて、おもに中世史研究者の側からその批判的な検討が始まった。その要点は、著者の平泉論を「奥羽独立国家論」と理解したうえで、それとは対極的な院政期国家の支配機構の一部、国家による蝦夷支配の機関としての平泉藤原氏の位置づけをより重視し、この二つの見方をどのように止揚するか、という新たな課題である（大石直正「中世の黎明」〈小林清治・大石直正編『中世奥羽の世界』東京大学出版会、一九七八年〉、二〇二二年に吉川弘文館より新装版が再版。この新装版に掲載された柳原敏昭氏の解説も参照）。

また一九八〇年代後半には、東北地方におさまることなく、北海道さらには東北アジア地域をも対象に含み込み、北の世界の歴史を広く考察しようとする北方史研究・「北からの日本史」研究が本格的に始まる。その潮流の中で平泉藤原氏に関する研究も、日本国の枠組みを越えた地域的な政治権力という方向性をもってスケールアップしていった。

さらに、柳之御所遺跡をはじめとする平泉遺跡群、東北地方・北海道各地の考古学研究の着実な進展は、宗教思想史・建築史・美術史などとの連携を深めながら、一貫して研究をリードしていく。本書において取り上げることがなかった平泉藤原氏の政治（儀式）のあり方や奥羽両国各地の勢力との関係、都市平泉の具体的なプランニング、大陸・日本列島をまたいだ交易・流通との結びつきなどについて、具体的な様相が明らかにされていった。

そうした新しい研究、学際的な研究の成果は、入間田宣夫編『兵たちの時代』全三冊（高志書院、二〇一〇年）・樋口知志『前九年・後三年合戦と奥州藤原氏』（高志書院、二〇一一年）・入間田宣夫『平泉の政治と仏教』（高志書院、二〇一三年）・斉藤利男『平泉　北方王国の夢』（講談社、二〇一四年）・柳原敏昭編『東北の中世史1　平泉の光芒』（吉川弘文館、二〇一五年）・樋口知志編『東北の古代史5　前九年・後三年合戦と兵の時代』（吉川弘文館、二〇一六年）・誉田慶信『中世奥羽の仏教』（高志書院、二〇一八年）・八重樫忠郎『平泉の考古学』（高志書院、二〇一九年）・菅野成寛監修『平泉の文化史』全三冊（吉川弘文館、二〇二〇〜二一年）などで学ぶことができる。

再び高橋平泉論へ

この研究の進展により、本書において示された見解にも修正するべき点が指摘されている。たとえば、安倍・清原両氏の出自を古代蝦夷と理解し、その活動拠点を独立した領国ととらえる点である（本書四三〜四五頁）。現在は、両氏の出自について、鎮守府将軍や国司として奥羽両国へ下向した中央貴族安倍・清原両氏の子孫が現地に土着し、奥六郡・山北三郡の支配を差配する役割に登用されたとする見方が有力であろう（前掲樋口著書、永田英明「古代から中世への変革と戦乱」〈東北大学日本史研究室編『東北史講義【古

代・中世篇】』筑摩書房、二〇二三年〉)。

また、平泉藤原氏と荘園制の関係をめぐる史料、『中右記』大治二年十二月十五日条の解釈について、本書では、藤原清衡が「山千僧供としての公田七百町歩の保籠《ほろう》」を行ったとするわかりづらい説明がなされている(本書一六〇頁)。これは、山千僧供のために保を立て七〇〇町を籠めた、という読みが正しいのであり、延暦寺において千僧供を挙行する財源を得るために、清衡が陸奥国内に保を成立させていたことが明確にされた(前掲大石論文、入間田著書)。

ただし、そうした修正を要する箇所がある一方で、近年、文献史料の精緻な分析や考古学の豊かな成果の蓄積が進めば進むほど、あらためて平泉藤原氏の主体性・自立性・独創性という側面がクローズアップされるようにもなってきた(前掲入間田著書、前掲斉藤著書、遠藤基郎「基衡の苦悩」〈前掲『東北の中世史1平泉の光芒』に収録〉など)。この研究動向は、本書において著者が示した平泉藤原氏の姿と重なり合う論調といえるだろう(前掲柳原氏解説も参照)。このたび本書が再刊されることになった意味も、こうした研究動向と関連づけてとらえられるように思われる。

日本列島の古代から中世への移り変わりを考える際、都市平泉と平泉藤原氏への着目は、欠かすことができない論点である。著者の平泉論は、その研究のスタートラインに位置している。参照すべき大切な業績であり、本書が示した大きな枠組み・構想は、これからの研究にも刺激を与え続けることだろう。

(東北学院大学教授)

本書の原本は、一九九三年に吉川弘文館より刊行されました。復刊にあたっては
二〇〇九年刊行の新装版（歴史文化セレクション）を底本にいたしました。

著者略歴

一九二一年　岩手県に生まれる
一九四三年　東北帝国大学法文学部国史学科卒業
東北大学教授、盛岡大学学長、福島県立博物館館長などを歴任。文学博士
二〇一三年　没

〔主要著書〕
『奥州藤原氏四代』（吉川弘文館、一九五八年）、『陸奥伊達一族』（新人物往来社、一九八七年、のち吉川弘文館〈読みなおす日本史〉二〇一八年）、『古代蝦夷を考える』（吉川弘文館、一九九一年、新装版二〇一〇年）、『平泉の世紀』（日本放送出版協会、一九九九年、のち講談社学術文庫、二〇一二年）

読みなおす日本史

奥州藤原氏
その光と影

二〇二五年（令和七）一月一日　第一刷発行

著　者　高《たか》橋《はし》富《とみ》雄《お》

発行者　吉川道郎

発行所　株式会社 吉川弘文館
郵便番号一一三―〇〇三三
東京都文京区本郷七丁目二番八号
電話〇三―三八一三―九一五一〈代表〉
振替口座〇〇一〇〇―五―二四四
https://www.yoshikawa-k.co.jp/

組版＝株式会社キャップス
印刷＝藤原印刷株式会社
製本＝ナショナル製本協同組合
装幀＝渡邉雄哉

ISBN978-4-642-07680-7

読みなおす日本史

刊行のことば

　現代社会では、膨大な数の新刊図書が日々書店に並んでいます。昨今の電子書籍を含めますと、一人の読者が書名すら目にすることができないほどとなっています。ましてや、数年以前に刊行された本は書店の店頭に並ぶことも少なく、良書でありながらめぐり会うことのできない例は、日常的なことになっています。

　人文書、とりわけ小社が専門とする歴史書におきましても、広く学界共通の財産として参照されるべきものとなっているにもかかわらず、その多くが現在では市場に出回らず入手、講読に時間と手間がかかるようになってしまっています。歴史の面白さを伝える図書を、読者の手元に届けることができないことは、歴史書出版の一翼を担う小社としても遺憾とするところです。

　そこで、良書の発掘を通して、読者と図書をめぐる豊かな関係に寄与すべく、シリーズ「読みなおす日本史」を刊行いたします。本シリーズは、既刊の日本史関係書のなかから、研究の進展に今も寄与し続けているとともに、現在も広く読者に訴える力を有している良書を精選し順次定期的に刊行するものです。これらの知の文化遺産が、ゆるぎない視点からことの本質を説き続ける、確かな水先案内として迎えられることを切に願ってやみません。

二〇一二年四月

吉川弘文館

読みなおす
日本史

日本の奇僧・快僧	今井雅晴著	二二〇〇円
平家物語の女たち 大力・尼・白拍子	細川涼一著	二二〇〇円
戦争と放送	竹山昭子著	二四〇〇円
「通商国家」日本の情報戦略 領事報告を読む	角山 榮著	二二〇〇円
日本の参謀本部	大江志乃夫著	二二〇〇円
宝塚戦略 小林一三の生活文化論	津金澤聰廣著	二二〇〇円
観音・地蔵・不動	速水 侑著	二二〇〇円
飢餓と戦争の戦国を行く	藤木久志著	二二〇〇円
陸奥伊達一族	高橋富雄著	二二〇〇円
日本人の名前の歴史	奥富敬之著	二四〇〇円
お家相続 大名家の苦闘	大森映子著	二二〇〇円
はんこと日本人	門田誠一著	二二〇〇円
城と城下 近江戦国誌	小島道裕著	二四〇〇円
江戸城御庭番 徳川将軍の耳と目	深井雅海著	二二〇〇円
戦国時代の終焉 「北条の夢」と秀吉の天下統一	齋藤慎一著	二二〇〇円
中世の東海道をゆく 京から鎌倉へ、旅路の風景	榎原雅治著	二二〇〇円
日本人のひるめし	酒井伸雄著	二二〇〇円
隼人の古代史	中村明蔵著	二二〇〇円
飢えと食の日本史	菊池勇夫著	二二〇〇円
蝦夷の古代史	工藤雅樹著	二二〇〇円
天皇の政治史 睦仁・嘉仁・裕仁の時代	安田 浩著	二五〇〇円
日本における書籍蒐蔵の歴史	川瀬一馬著	二四〇〇円

吉川弘文館
（価格は税別）

読みなおす日本史

境界争いと戦国諜報戦　盛本昌広著　二二〇〇円

邪馬台国をとらえなおす　大塚初重著　二二〇〇円

百人一首の歴史学　関　幸彦著　二二〇〇円

江戸城　将軍家の生活　村井益男著　二二〇〇円

沖縄からアジアが見える　比嘉政夫著　二二〇〇円

海の武士団　水軍と海賊のあいだ　黒嶋　敏著　二二〇〇円

呪いの都　平安京　呪詛・呪術・陰陽師　繁田信一著　二二〇〇円

平家物語を読む　古典文学の世界　永積安明著　二二〇〇円

坂本龍馬とその時代　佐々木　克著　二二〇〇円

不動明王　渡辺照宏著　二二〇〇円

女人政治の中世　北条政子と日野富子　田端泰子著　二二〇〇円

大村純忠　外山幹夫著　二二〇〇円

佐久間象山　源　了圓著　二二〇〇円

源頼朝と鎌倉幕府　上杉和彦著　二二〇〇円

近畿の古墳と古代史　白石太一郎著　二四〇〇円

東国の古墳と古代史　白石太一郎著　二四〇〇円

昭和の代議士　楠　精一郎著　二二〇〇円

春日局　知られざる実像　小和田哲男著　二二〇〇円

伊勢神宮　東アジアのアマテラス　千田　稔著　二二〇〇円

中世の裁判を読み解く　網野善彦・笠松宏至著　二五〇〇円

アイヌ民族と日本人　東アジアのなかの蝦夷地　菊池勇夫著　二四〇〇円

空海と密教　「情報」と「癒し」の扉をひらく　頼富本宏著　二二〇〇円

吉川弘文館
（価格は税別）

読みなおす
日本史

石の考古学 奥田　尚著 二二〇〇円

江戸武士の日常生活 素顔・行動・精神 柴田　純著 二四〇〇円

秀吉の接待 毛利輝元上洛日記を読み解く 二木謙一著 二四〇〇円

中世動乱期に生きる 一揆・商人・侍・大名 永原慶二著 二二〇〇円

弥勒信仰 もう一つの浄土信仰 速水　侑著 二二〇〇円

親　鸞 煩悩具足のほとけ 笠原一男著 二二〇〇円

道と駅 木下　良著 二二〇〇円

道　元 坐禅ひとすじの沙門 今枝愛真著 二二〇〇円

江戸庶民の四季 西山松之助著 二二〇〇円

「国風文化」の時代 木村茂光著 二五〇〇円

徳川幕閣 武功派と官僚派の抗争 藤野　保著 二二〇〇円

鷹と将軍 徳川社会の贈答システム 岡崎寛徳著 二二〇〇円

江戸が東京になった日 明治二年の東京遷都 佐々木　克著 二二〇〇円

女帝・皇后と平城京の時代 千田　稔著 二二〇〇円

武士の掟 中世の都市と道 高橋慎一朗著 二〇〇〇円

元禄人間模様 変動の時代を生きる 竹内　誠著 二二〇〇円

東大寺の瓦工 森　郁夫著 二二〇〇円

気候地名をさぐる 吉野正敏著 二二〇〇円

江戸幕府と情報管理 大友一雄著 二二〇〇円

木戸孝允 松尾正人著 二四〇〇円

奥州藤原氏 その光と影 高橋富雄著 二四〇〇円

日本の国号 岩橋小弥太著 （続　刊）

吉川弘文館
（価格は税別）